?《ハテナ》で考えれば
人生は100倍
おもしろい

佐田時信
Tokinobu Sada

まえがき

新装再開業――The Okura TOKYOのロビーの組子細工

２０１９年9月12日、ホテルオークラ東京が、The Okura TOKYO（ジ・オークラ・トーキョー）として新装再開業となりました。

２棟構成のうちの一つ、オークラ プレステージタワーのロビーの大間障子の上に設置されているのが、「組子細工《くみこざいく》」とよばれる日本の伝統的な装飾です。

精緻《せいち》で美しい麻の文様の組子細工は、外からの陽光をやわらげる効果もあり、１９６２年の創業以来、ホテルオークラが大切にしている、清楚にして優雅な日本の美の象徴となっています。

新装されたオークラ プレステージタワーのロビーでも、創業当時からの気品と空気がそのまま再現されているのですが、この組子細工の製作を、私が代表を務める佐田建美《さだけんび》が担当させていただきました。

木材は、樹齢２００年以上の岡山県真庭《まにわ》市のヒノキで、幅１・７３５m×高さ３・７mのパネル10枚分。釘も留め具も使わずに、小さな木片を組み合わせる日本伝統の技法で、旧館のときと同じく麻の文様が表現されています。

世界中からの賓客《ひんきゃく》を迎えるThe Okura TOKYOで、この先100年残るであろう大仕事を担当させていただけたのは、職人冥利《みょうり》に尽きる光栄なことです。そして、このご縁をつくってくださった故・橋本保雄さん（ホテルオークラ元顧問）とその奥さま、そして、清原當博《きよはらまさひろ》・現顧問には感謝の気持ちでいっぱいです。

なぜ日本を代表する高級ホテルが、岡山県真庭市の小さな建具《たてぐ》業者にこれほど重要な仕事を任せてくださったのか。もちろん、橋本保雄さんからつながるご縁なくしては100%実現していないことは間違いありません。ただ、佐田建美がこの数十年間、「伝統技術の継承と革新と進化（深化）」にチャレンジし続けてきたことも、一面では認めていただけたのではないかとも自負しています。

オンリーワンの美学で「唯一無二の製品」を創る

私たち佐田建美は、岡山県真庭市に本社を置く、従業員20名の木工メーカーです。

社長の私は、15歳で建具職人（見習い）となり、職業訓練大学校修了後、1975年に独立しました。後に株式会社化し、現在では、木製建具・真庭組子・ドイツ家具「ケルン

32」、住宅システム家具・公共物件家具の製造や、店舗・オフィス設計などを手掛けています。

当社の掲げる理念は、次の3つです。

① 夢を現実にするニーズの先取り！

② ワクワクするような革新性のある製品を提供する！

③ 我々は常に進化し続ける！

私たちは、飛鳥時代から続く「建具」という日本の伝統技術を継承する一方で、合理的なオーダードイツ家具のような革新性ある「唯一無二の製品」を創り続けています。

その最たる例が、２００７年に発表した世界初の「木製スーパーカー真庭」です。「木製スーパーカー真庭」は、エンジンやタイヤ、最小限のフレーム部分を除き、車体のほぼ全てが木でできています。しかも、インテリアではありません。車検を通り、ナンバープレートも交付されている本物のクルマです。最高時速は約１００㎞。高速道路も走行できるのです。

こうした意外性と革新性、実用性が話題をよび、ＮＨＫ、ＢＢＣ（英国公共放送）をはじめ、世界中のメディアから２００本を超える取材を受けました。

日本の職人技とドイツの最先端技術の融合

また、私たちは、林業大国であるドイツの最先端技術とノウハウを輸入し、環境にやさしい高品質な家具を創っています。

これら「洋の技術」と、建具製造で培った「和の職人技」を融合することで生まれたのが佐田建美の中心ブランド、「ケルン32」というオーダーシステム家具です。

私たちは、この技術を用いて、ニーズの先取り――つまり、まだ誰も見たことのない製品を毎年発表し続けています。「どうせなら世界でまだ誰も見たことのないもの、世の中になかったものを！」という思いで創った「唯一無二の製品」は30を超え、多くの作品がこれまで全国建具展示会（主催：一般社団法人全国建具組合連合会）で賞を獲得しています。

狭い分野でも「一番」のものづくりをめざす

私は企業の存在意義を、「業《ぎょう》（夢）を企てること」だと考えています。

ホンダ創業者の本田宗一郎さんは、まだ町工場レベルの時代に、世界的なオートバイレースやF1グランプリでの優勝を目標に掲げたことで知られています。そんな本田さんのように、誰もが無理と思うような大きな夢を、私も描く経営者でありたいと本気で思っているのです。

そして、私たちがめざしているのは「建具業界のフェラーリ」です。自ら宣伝などしなくても、世界中から、「頼むから売ってくれ」と言われる世界最強のブランドです。

その彼らに少しでも近づくために、私たちは、次の4つのことを実行しています。

・「その当たり前」は本当か？　と考える

・過去のことを徹底的に調べて一旦全否定し、そのうえで「今に生かせるものはないか？」と考える

・思い付いたアイデアを「ヒットの5原則」に照らし合わせる

・今自分のやっていることが一番でないと思ったら、「どうやったら一番になれるか？」と考えて、どんなに狭い分野のことでもいいから一番になる

「木で創れないものはない！」「子供から大人までみんなをワクワクさせたい！」「木材のまち真庭市を世界にアピールしたい！」といった思いが、私のエンジンになっています。

本書では、これまで私が培ってきた、困難や難題を突破するために必要な物事のとらえ

方、アイデアを生む秘訣、そして、人の縁の大切さを中心に記しています。

この本が、建具業界の発展、未来をつくっていく若者への良き助言、そして、愛する郷土・真庭市の振興につながれば、著者としてこれ以上の幸せはありません。

?《ハテナ》で考えれば人生は100倍おもしろい　目次

第2章 15歳で建具職人の道へ

――見習い・修業時代に学んだ大切なこと

第3章 人の縁を大切にする
――The Okura TOKYOに組子を納入

第4章　常識を疑う
——？《ハテナ》で考えれば人生は100倍おもしろい

第5章 無駄な修業は要らない
――「個」の時代を生き抜くためのヒント

第6章

我以外皆我師
――ドイツ発の家具製作技術に出合う

第7章　木で創れないものはない
——建具の未来と新たな挑戦

株式会社佐田建美全景

国内外から200件以上の取材を受けた「木製スーパーカー真庭」。全長 3.1 m、幅 1.3 m、高さ 1.1 m。重量390kg。後輪駆動の三輪で 3 人乗り。エンジンは175 ccの水冷 4 サイクル。最高時速は約100km。燃費は約30km／ℓ。

第1章 オンリーワンの美学

——世界初の木製スーパーカーを創る

常に「一番」と「最初」を意識する。二番目のことは誰も覚えていない

「皆さんは、世界一高い山をご存じですか？」

私は、講演や研修で講師として招かれたときに、よくこんな質問をします。すると会場からは即座に、「エベレスト！」という声が返ってきます。「８８４８ｍ」と標高まで正確に答えてくれる人もいます。

しかし、質問を続けて、「ならば二番目はわかりますか」と聞くと、ほとんどの人がわからないのです。三番目になると誰も知りません。

「もう一つお聞きします。日本一高い山は富士山ですが、日本で二番目に高い山はどこでしょう？　ご存じの方はいらっしゃいますか。三番目は？」

ちなみに、正解は、世界で二番目に高い山が「Ｋ２」（カシミール地方）、三番目に高いのは「カンチェンジュンガ」（インド・ネパールの間）。一方、日本で二番目に高い山は「北岳《きただけ》」（山梨県）、三番目は「奥穂高岳《おくほたかだけ》」（長野県・岐阜県の間）です。

さすがにそこまで知っている人は、どの会場でもまずいません。雑学が好きな人でもな

い限り、人間は「一番」のもの以外には興味がないからです。

同じく、「最初の」「〇〇初の」ということに高い価値を置くのも人間の特性です。

例えば、田部井《たべい》淳子さんという登山家は、１９７５年に女性として初めてエベレストの登頂を成し遂げた人です。当時は大きなニュースになりました。しかし、世界で二番目に登った女性のことは、ほとんどの人が知らないと思います。

同じように、人類史上初めて月の表面に降り立ったニール・アームストロング船長（アポロ11号）のことは、それこそ世界中の人が覚えていますが、そのときに二番目に降り立った宇宙飛行士、バズ・オルドリンのことはどうでしょう？　アポロ16号や17号のことは？

例が長くなりましたが、私がここで強調したいことは、次のようなことです。

「どんな場面でも一番をめざす」

「〝〇〇初〟の肩書きを強く意識する」

もちろん、一番も二番も、最初も二番目も、どちらもすごい存在です。両者の間に、世間が思っているほどの実力差はありません。少なくとも一方は名前を覚えてもらえないほどの差ではないはずです。

しかし、そこにあるのは、一番にならないと評価や名声が全く違ってしまう理不尽さなのです。

誰もやっていないことをすれば必ず一番になれる

大事なのは、「一番になるかならないか、最初にやるかやらないか」――。

こういう話をすると、「それは実力がある人の場合であって、凡人はどうすればいいのか?」とか、「一番には一人しかなれません」という反論がくることになります。

しかし、その答えは簡単です。

どんなにバカバカしい(と思えるような)ことであっても、誰よりも先にやれば「○○初」ですし、まだ誰もやっていなければ自分が「一番」になれるのです。

お客さまは商品やサービスを選ぶとき、あるいは誰かに口コミで教えてあげるとき、「地域で一番速い」とか「一番安い」とか「一番サービスが良い」といったように、「○○で一番」というわかりやすいフレーズにとても惹《ひ》かれます。

また、そうした認識をしていただいていると、何か困ったとき、他では解決できない問題を抱えたお客さまが、わざわざ見つけて訪ねて来るようになります。

実際、当社には「他では断られた」というご依頼が時々舞い込んできますが、私たちが常に新しい物、初めての物にチャレンジしているからでしょう。

もっとも、「一番になることが大切」ということなど、読者の皆さんも十分にご存じでしょうが、その重要さを本当に理解し、チャレンジしている人は実は少ないと思います。

国内外から取材２００件、高速道路も走れる手作り木製スーパーカー

私が代表を務める佐田建美は、これまで多くの国内外のマスメディアで取り上げていただいています。我々の腕が一番だからということでは全くありません。業界には、私よりもはるかに腕の良い職人の方々が、全国にたくさんいらっしゃいます。

にもかかわらず、佐田建美が国内外のマスメディアから取材されるようになったのは、企業理念として「誰もやっていないこと」や「ワクワクするような革新性」に常にこだわってきたからなのです。

そのことをもっとも具現化している製品は、２００７年に発表した「木製スーパーカー

真庭」でしょう。

このクルマは、エンジンやタイヤなど一部のパーツを除き、車体のほとんどが木で作られています。しかも、インテリアではありません。車検を通り、陸運局でナンバープレートも取得している「本物のクルマ」です。

さすがにフェラーリやランボルギーニ並みとはいきませんが、時速100km弱で高速道路も走行できるのです。

実際、高速道路（中国自動車道）を走ったときには、さすがに皆さんに驚かれました。入口料金所では係員がブースから飛び出してきましたし、出口料金所では、どのカテゴリーで料金を徴収すればいいのかわからず、確認するまでひと騒動になりました。

もっとも、ナンバープレートが付いているのを確認した後は、皆さん笑顔で見送ってくれましたが……（笑）。

製作にあたっては、親友でオートバイ仲間の二輪ディーラーの岡本辰彦《おかもとたつひこ》さんに相談し、エンジンやメカニックなどの部分で大変お世話になりました。

一方、社内には実行委員会を設置（メンバーは4名）し、社員たちからアイデアを募りました。50以上の案の中から最終的に決定したのが、スーパーカーの名にふさわしく「羽ばたく鳥」をモチーフにしたデザインです。

ドアには、ランボルギーニ・カウンタックと同じガルウィング・ドアを採用していま す。両サイドのドアが横に開くのではなく、斜め上に跳ね上がる形式で、これが鳥の翼に見えるわけです。

もっとも、このクルマはオープンカーですから、わざわざドアを上げなくても、ドア部分をまたげば乗ることができます。むしろ、そのほうが素早く乗りこむことができるのですが（笑）。こうした、夢のある過剰な演出も、スーパーカーの醍醐味でしょう。

困難を極めた車体の強度と美しい曲線の表現

製作の際に難しかったのは、木を使ったボディで3次元の美しい曲線を表現すること。ここは、ミリ単位の調整で試行錯誤を繰り返しました。

また、公道を走るとなれば実用に耐えうる強度が必要ですが、その一方で、車体部分の木材をあまりガッチリ固定してしまうと圧を受けたときに板が割れてしまいます。

その両方の問題を解決するために、ボディ外側の材料には、硬質性と弾力性の高いタモ

（野球のバットにも使われる木です）を使い、その板を、合わせ木という手法で１００枚ほど組み合わせました。

ハンドル（＝オートバイと同じステアリングバー）のグリップ部分にはケヤキを、２人座れる後部座席には真庭産のヒノキを、そして、床などの内装にはモミノキを使っています。ヒノキは高級感があって良い香りがしますし、一方のモミノキは抗菌性に優れるからです。

建具職人の技術と〝粋〟を注ぎ込む

装飾に関して建具職人としてこだわったのは、外装と内装の一部に丸い文様の「組子細工」を施《ほどこ》したことでした。

組子細工とは、細かい木片を釘や接着剤を使わずに手作業で組み上げ、建具において精密な文様を表現する、我が国伝統の技法です。しかも丸い紋様の組子細工は珍しいのです。

また、車体の後ろには、武家屋敷や道場などで使われていた「無双窓《むそうまど》」（スライド開閉式の小窓）を取り付けました。特に機能的な役割はありませんが、これも建具職人としての

重なっている板をスライドさせることで光を取り入れたり、風を通したりすることができる「無双窓」。隙間しか開かないため、防犯性にも優れている。

粋というか、遊び心です。

高速道路を走れるようにするための突破口「オート三輪」

「木製スーパーカー真庭」の製作を思い立ったきっかけは、毎年6月に開催されている全国建具展示会（主催：一般社団法人全国建具組合連合会）に出品するためです。

佐田建美では、この展示会のために、従来の発想にはない、世界でただ一つの作品を製作し続けていて、2000年から連続入賞を果たし、石川県大会では「第4部・農林水産大臣最優秀賞」を受賞致しました。

同展示会の第4部とは、これからの建具業界の振興と新しいニーズを模索するカテゴリーであり、独創的な作品が評価される部門です。だからこそ家屋から飛び出して、大胆に動くもので多くの人の目に触れさせて、世間を驚かそうと考えました。

そこで思い付いたのが、「木でクルマを創る」というアイデアです。

より大きなインパクトを出すには、乗用車やスポーツカーよりもスーパーカーがいい。ただし、いくら精巧にできていても「置物」では意味がありません。実際に公道を走れるものでなければいけないと思いました。

しかし、そのハードルは極めて高いものでした。車検を通すための要件を確認してみると、道路運送車両法によって保安基準がガチガチに決められていたからです。その基準は、自動車メーカーでもない小さな木工所が突破できるレベルとは思えませんでした。

それでも諦めずに相談していると、思わぬところに突破口が見つかりました。法律を調べてみると、かつて多く走っていたオート三輪は既に、公道上から姿を消した存在であるため、四輪ほどには保安基準が厳しくないことがわかったのです。

「三輪なら、いけるかもしれない！」

この決断によって、木製スーパーカーの企画は本格的に走り始めることになりました。

「絶対に無理」という人は大抵自分では実行していない

公道を走る「木製スーパーカー真庭」の企画を社員たちに話したとき、気持ちがいいくらいに全員に反対されました。当然といえば、当然です。

「無理だと思います！」

「社長の思いはわかりますが、いくら何でも実際に高速道路を走らせようというのは絶対に無理です！」

実は、この企画をスタートしたときに、彼らには「本当に公道や高速道路を走らせる」とは伝えていませんでした。しばらくの間は〝インテリア〟を創っていると思っていたはずです。

だから、私が本心を明かしたときには、余計にびっくりしたことでしょう。本当のことを伝えなかったのは、言えば反対されるに決まっているからです（笑）。

皆さんもご経験があると思いますが、何か新しいチャレンジをしようとすると、周囲から「難しいと思います」という言葉が出てきます。それでも止めないでいると、次は「無理です」という断言口調になる。その次には、「絶対に無理です！」とくるわけですが、そこで心が折れてはいけません。

よく考えると、大抵この3つは、「自分ではやっていない人」の声なのです。本で読んだか、頭で考えただけで「無理」と言っているだけで、実際に自分が動いて失敗したわけではありません。

そんなとき、私はいつもこう考えることにしています。

「要は自分ではやっていないんだな。やっていない人が『無理だ』と思うことなら、とにかく挑戦してみよう。諦めるのは自分がやってみて納得してからでいい——」

1%の成功確率があればチャレンジする価値はある

例えば、こんなことがありました。

私は、美術組子でこれまでにないデザインの作品を創りたいと考え、フェラーリの跳ね馬のマークを創ってみることにしました。もちろん、知的財産権の問題がありますので、売り物ではなく、個人として楽しむための作品です。

　しかし、完成してみると、「日本の伝統美術とフェラーリの融合した作品を、上層部の人に見てもらいたい」という欲求が抑えられなくなりました（笑）。そんな折、偶然にも大阪・心斎橋にあるフェラーリのショールームの新装オープンに合わせて、イタリアからフェラーリジャパンの社長が来日するという情報を得ました。

　ディーラーの営業マンを通じて、社長に見ていただくことはできないか交渉してみましたが、「その日はごく限られた来賓《らいひん》しか招待していない」との返事でした。

フェラーリの上層部に、真庭組子の跳ね馬を見ていただいたときの様子。非常に喜んでいただけた。

　でも、可能性はゼロではありません。私は当社の社員で外国語に堪能な土居君を連れて心斎橋に向かうことにしました。当然、アポなしです。また、その前には、私が入会している倫理法人会の会合に出席して、「これからフェラーリの社長にこの作品を見てもらいます」と宣言してしまいました。

　私は有言実行を心がけていますので、自分にプレッシャーをかけるためでした。

新装オープンの打ち合わせが終わって、外に出るタイミングに、路上で社長にイタリア語で声をおかけし、身振り手振りで作品をお見せしました。すると、社長は真庭組子を絶賛してくださり、フェラーリのイベントで飾りたいともおっしゃってくださったのです。たとえ極めて低い確率でも、思いがあれば挑戦してみるものだ——と改めて実感した一件でした。

可能性が少ないのとゼロとでは全く違う。私はどんな仕事であってもそれは同じだと思っています。実現の可能性が1％でもあるならチャレンジする価値はあります。

私は常にそういうふうに考えているので、「難しいです」「無理です」「絶対に無理です」という他人の言葉は、本気で聞かないことにしているのです。

できなかったとしても「経験とノウハウ」が残る

私は経営者としては、ホンダ創業者の本田宗一郎さんを最も尊敬しています。本田宗一郎さん関連の書籍もたくさん読んだので、とても大きな影響を受けています。

例えば、まだ町の中小工場だった頃に、世界最高峰のオートバイレースや自動車レース

（F1）で優勝することを社員に宣言し、それを本当に実現してしまったこと。会社が大きくなってきてからは、技術研究所を別法人として設置し、目先の業績に左右されない、自由度の高い研究開発をさせていたこと。その創業者の理念は受け継がれ、二足歩行ロボット「ASIMO」や飛行機「HondaJet」などの革新的な製品開発につながっていること――。どれも素晴らしいと思います。

本田宗一郎さんの発言に、「成功は99％の失敗に支えられた1％である」という趣旨の言葉がありますが、全くその通りです。私も、日頃から「木で創れないものはない！」と言って実践しているものの、ふりかえれば失敗の連続でした。途中で諦めたこともたくさんあります。

しかし、それでもチャレンジしたほうがいいと思うのは、やってみてできなかったとしても、経験やノウハウが自分の中に残るからです。

例えば、当社の製品に「間WORLD（まワールド）」（43ページ参照）という収納棚があります。これは、4つに区切られた壁が本棚、ワインセラーというように、くるくる回る仕掛けが施されています。そのうちの一つにオーディオとCDが収納できる壁がありますが、CDラックにはそれ以前に一度失敗したアイデアを使っています。

このように、過去に失敗したことが、次の成功につながっていくのです。

「損得」や「できる・できない」で判断しない

「スーパーカーは誰が設計したのですか」ともよく聞かれますが、実は、もともときちんとした設計図があったわけではなく、実際に手を動かしながら創っていきました。

普通に考えれば図面があって、それを正確に再現して創るということになるのでしょうが、今回はまず手作業があって、それから図面を創っていったのです。そこも、常識でものを考えるのではなく、逆転の発想で挑みました。

いわば、「大人の発想」に対する、「子供の発想」です。

大人の発想であれば、第一に「善か、悪か」。第二に「損か、得か」。第三に「できるか、できないか」といった判断になるでしょう。

しかし、子供の発想は、違います。一番は「好きか、嫌いか」。二番は「欲しいか、欲しくないか」。三番は「獲るか、獲らないか」です。そして、考えるよりも先に行動する。

だから、「木製スーパーカー真庭」は、まずは創ってみようということで、模型を創って問題点を洗い出しました。そうしてみることで初めて、図面ではわからない立体的な問題点がわかるからです。

法律の勉強がその後の製品づくりの糧《かて》になる

「木製スーパーカー真庭」は社員たちのがんばりで、構想1年、作業期間5カ月で無事完成しました。

このクルマがユニークなのは、先ほど書いたように、車輪が3つであることです。その区分はわかりにくく、例えば、道路交通法では「普通自動車に準ずるもの」とみなされますが、道路運送車両法では「側車付自動車」とみなされます。

ですから、普通自動車免許があれば公道を走ることができます。ただし、ハンドルは丸形ではなく、オートバイと同じ「ステアリング・バー」となっていますので、自動二輪に乗ったことのない人には操作が難しいかもしれません。

また、オートバイと同じということで、シートベルト装着の義務はありません。運輸局としては道路運送車両法上、シートベルトはしてほしい。しかし、道路交通法では、それをすると違反になるのです。

例えば、オートバイの場合、父親が後ろに子供を乗せているときに、子供が居眠りをすると危ないということで、お互いの身体をヒモで結んで走ると違反になるそうです。「木製スーパーカー真庭」でシートベルトをするのも同じ理屈なのです。

一方、運転操作はオートバイと同じですが、ヘルメットをかぶる義務はありません。あくまで自動車としてナンバープレートを取っているので、オープンカーと同じ扱いになるからです。さらに言えば、このクルマは2年に一度の車検がありません。車検の義務があるのは排気量４００cc以上だからです。しかし、「木製スーパーカー真庭」は１５０cc以上あるので高速道路を走行できます。

こうして見ていくと、「木製スーパーカー真庭」は、〝いいとこ取り〟で二つの法律をクリアしていることがわかると思います。これもきちんと法律を勉強して合法的に進めていった結果です。

特許のこともよく質問されますが、結論から言うと取っていません。相談した弁理士に、こう言われたからです。

「佐田さん、これは特許を取る必要はありません。これは発想が突き抜け切っていて、誰も真似しません。真似できませんから」

涼風を受けてドライブする心地よさ。ボディ全体が楽器になる楽しさ

このスーパーカーで、真庭市周辺の林道や田舎道を、春先から初夏、あるいは、初秋の涼やかな風を直接受けて走るのは、本当に心地よいものです。

ドライブには音楽も欠かせませんが、運転席に装備されているオーディオ機器でロックを流すと、木製の車体そのものが楽器になって、とても良い音がします。

自然の温もりのある手触りや、ヒノキの良い香りと並んで、これも木製ボディならではの良さでしょう。できることなら、皆さんにも、この感動を一度味わっていただきたいほどです。

一方、敢えて欠点を挙げると、三輪は四輪車に比べて安定性で劣るため、その分サスペンションを硬くする必要がありました。椅子も木製ですから、一般のクルマよりも座り心地は固いです。また、屋根がないので、雨の日に乗れないのも残念なところです。

しかし、楽しさはそれ以上です。

価格は、1台390万円（税別）。いくらにしようか迷ったのですが、関わってくださった皆さんへのお礼の意味の語呂合わせで「サンキュー価格」と決めました。39万円では安すぎるし、3900万円では高すぎる。その間をとりました。

「そんな価格で元が取れるのですか？」とよく聞かれますが、もちろん赤字です。開発費や材料費に加え、製作するには職人たちが何人も張り付いて何カ月もかかるのですから、これだけ考えても「火の車」です（笑）。

しかし、そんなことは気になりません。こうした挑戦を続けていくことが、佐田建美が建具や家具の技術者として進化（深化）していくことを促しますし、その結果として、真庭市の知名度アップや建具業界の振興、子供たちに夢を与えることなどにつながっていくと考えているからです。

国内外のメディアから200件以上の取材が殺到

地方の木工所が、世界初の木製のクルマを創った――。

こんな意外性と独創性からか、「木製スーパーカー真庭」は、山陽新聞の一面に取り上げられた他、これまでにＮＨＫの全国放送や、東京キー局をはじめとする全国の民放各局で取り上げられ、例えば『ザ・ベストハウス１２３』（フジテレビ系列）では世界が選ぶハンドメイド乗り物で1位になっています。さらにはイギリスのＢＢＣといった海外のテレビ局も含めて、２００件を超える取材を受けてきました。

また、全国各地の購入を希望する方から60件近いお問い合わせもいただきました。

こうした反響は、佐田建美の発想力や技術力のＰＲになったことはもちろん、わが郷土「真庭（ＭＡＮＩＷＡ）」の名前を世界へ発信することにもなりました。私にとっては、それが一番うれしかったといっていいほどです。

売るかどうかは、お客さまを見てから決める

「木製スーパーカー真庭」は、展示用に3台製作したのですが、そのうちの1台だけを、九州地方のお客さまに販売させていただきました。

きっかけは、このクルマがＮＨＫの番組で紹介された後に、知人を介して、「買いたい」というお問い合わせをいただいたのです。それはこんなやり取りでした。

「条件によっては販売させていただきます。よろしければ、一度クルマを見ていただいて、それで気に入ったら……ということでどうでしょう？」

「そうか、クルマを見に行って、気に入ったら創ってくれるのですか」

「いやいや、そうではありません。私がお客さまのことを気に入ったらお創りするという意味です」

そう言ってから怒られるかなと思ったら、そのお客さまは、「おもしろいな、それは」と言ってくださいました。

私がそんな物言いをしたのは、フェラーリが、いわゆる記念車を販売するときに同じやり方をしているからです。お客さまがクルマを気に入っても、メーカー側は気に入った相手にしか売りません。それがフェラーリの戦略であり、私はそれを真似してみたわけです。

みんな「お客さま第一」ということだけに目線が行っているのですが、私は、それは違うことも多いと思っています。お客さまに気に入られるようにやっていくと、ともすると、本来の目的からだいぶ外れてしまうこともあります。

だから、製品によっては、メーカー側や作り手のほうがお客さまを厳選するというやり方もありだと思うのです。

実際、当社でもそのお客さまにはおもしろがってもらえました。「木製スーパーカー真庭」は、他では絶対に買うことができません。気に入らないからといって、「他で買うよ」とは言えないからです。

これが、唯一無二の持つ強みです。

年間予算を組んで「頼まれていない製品」を創りつづける

「木製スーパーカー真庭」が代表的な例ですが、佐田建美では「お客さまから頼まれてもいない製品」を創り、毎年、「全国建具展示会」で発表することにしています。

そのために付けている予算は、年間390万円くらいまで。これは、大企業でいう研究開発費のような位置づけです。ちなみに、金額は厳密に決めているわけではなく、あくまでも「サンキュー」という語呂合わせです。

では、なぜそうするのか？　繰り返しになりますが、私は誰も見たことのないワクワクする製品を企《たくら》み、実現していくところに、企業の存在意義があると思っているからです。

そういえば、こんなことがありました。

以前、「ＩＳＯ９０００」や「ＩＳＯ１４０００」を取得しようとしたときに、コンサルタントから、「社長はお客さまニーズをどうお考えですか」と聞かれたので、「それは全然考えていない」と答えたら、「それじゃ困ります。お客さまニーズがない会社は困るんです」と言われてしまいました（笑）。

しかし、本当に「無い」のです。なぜなら、「お客さまから求められるニーズ」は、自分にとって、ニーズではないと思っているからです（同じようなことは、本田宗一郎さんもおっしゃっています）。

例えば、お客さまに「何か携帯電話に関するニーズはないですか」と尋ねれば、「もっと細いものがいい」とか、「もっと薄くてポケットに入りやすいものがいい」とか、「もっと軽いものがいい」といった、さまざまなリクエストが集まるでしょう。それらの声に応えてピッタリの製品を創れば、たしかに売れると思います。

しかし、それは一瞬のことであって、人々のニーズはすぐに変わってしまいます。さらに、多くのライバルが追随《ついずい》してきて過当競争にもなります。

そうではなくて、我々の志としては、この例でいえば携帯電話そのもの、つまり、まだ誰も見たことのない製品を生み出せるような会社をめざしています。企業の「企」＝「企《くわだ》てる」とは、そういうことではないかと思うのです。

一般の消費者に対して、「月に行ったときに何が要《い》りますか」と尋ねても、答えられないと思います。現実に困っていることがないわけですから、当然ニーズもありません。

企業が考えるべきは「お客さまニーズの先取り」

私は、企業というのは、物真似ではなく、消費者がまだ知らないニーズを自分でつくり出し、「こんなにいいものがありますよ」と提案できるだけの力を持たなければいけない存在だと思っています。

実際に、アップルやマイクロソフト、フェイスブックなどの創業者たちは、それをやったわけですし、かつての日本も、ソニーなどが同じことをしてきました。

そう考えると、我々がすべきは、「ニーズの先取り」です。お客さまの意向に応えることだけに追われるのではなく、自分たちが新しいものを創り出すことに一生懸命になるべきだと思うのです。では、どうやってニーズを先取りしていけばいいのか。そのヒントは、「古いもの、過去のもの」にあると思っています。

エコベーター真庭　　平成22年　全国建具展示会出展作品

10種類の動物が描かれた小さな箱が、電気も使わず、エレベーターのように昇降を３分間繰り返します。その仕組みは、機械上部に250個溜めてあるビー玉の重さでエレベーターが落下し、箱が下に着くとビー玉が外れます。すると、紐でつながれた滑車の反対側の重りのせいで、エレベーターが上昇します。上に来るとビー玉がエレベーターに装填《そうてん》され、また落下……となるわけです。また、後ろの壁面には曲面真庭組子を使用しています。電気を使わない環境にやさしいエコ作品、そして、将来何かの役に立つ可能性を秘めた独創作品です。

高さ3.4m。幅2.1m。奥行き1.1m。重さ250kg。材料は真庭産のアカスギです。１本から２割しか取れない貴重な部位を20本使いました。

間（ま）WORLD（ワールド）

平成17年　全国建具展示会　第４部最高賞

「間 WORLD」は、自分の好きな世界を創ることのできる１台４役の家具です。

４つに仕切られた壁が回転することで、ワインセラーやオーディオ機器、パソコン用デスクなどが出現し、その時々の用途や気分に応じて部屋を変えることができるのです。実際に、東京のワインバーには４種類のワインセラーを納めましたし、ある方のご自宅には、仏壇、テレビ、お茶セット、本棚の４種類で納品しました。

本棚はあえて斜めにしておくことで崩れたり倒れてこないようになっている。

今でこそ、自分のやりたいこと、思い描いたことがあれば、パワフルに実現させていく私ですが、かつては物静かでどちらかといえば消極的な少年でした。この世界に入った頃に触れておきたいと思います。

貧しさのためネガティブで内向的だった少年時代

私は1951年、岡山県真庭郡落合町（＝現在は真庭市）で生まれました。

5歳のときに父親と別れて、その後は祖父母と母、弟の5人家族で暮らしていたのですが、家はかなり貧乏でした。

子供心にそう思った理由は、家にテレビがなかったからです。

当時は、テレビが一般家庭に普及しだした頃で、家にテレビが入ると屋根にアンテナを立てる工事をします。それがその家にテレビのある目印なのですが、集落で最初にアンテナが立ったのは会計事務所を経営している人の家でした。

夜になると、テレビを見せてもらうために子供たちがテレビのある家に集まります。金曜日には、ワイワイガヤガヤと力道山《りきどうざん》のプロレス中継を見ました。それが小学校2年生くらいのことです。

その後、4年生、5年生くらいになると、ほとんどの家にテレビが入るようになりました。しかし、集落の中で、うちだけはテレビがない。これはつらかったです。

「持っていない家のほうが少ない」という時代になると、他人様《ひとさま》の家でテレビを見せてもらうことも難しくなってくるし、肩身が狭いというか、恥ずかしいというか、次第に、ネガティブで内向的な少年になっていきました。

ただし、テレビがない分、当時、月曜日の夜８時からラジオの『浪曲百選』を祖父と一緒に聴くのは楽しみで、春日井梅鶯《かすがいばいおう》や天津羽衣《あまつはごろも》の美声に合わせて浪曲をうなっている、一風変わった少年でした。浪曲はリズムが独特でストーリーがあるので、１時間くらいの内容でも憶《おぼ》えることができました。

中学に入っても、事情は変わりません。

テレビを見ていないので、学校では友だちとの共通の話題がないのです。あの頃は、前の日の晩に見たテレビ番組のことを、翌日にクラスのみんなで話すのが常でしたが、私は話の輪の中に入れず、いつも一人だけポツンと取り残されたような孤独を感じていました。

担任の先生が「得意なことを伸ばす楽しさ」を教えてくれた

そんな暗い子供時代を過ごしていた私にとって、学校生活での唯一の楽しみは、みんなの前で歌を歌うことでした。

地方では、いろいろなイベントで「のど自慢大会」が開かれていて、そこに参加すると、小学校の担任だった稲田晃《あきら》先生が、「おまえ、勉強はできないが、歌は上手いなあ」と褒めてくれました。そして、「これからは、おまえが生徒代表で『君が代』を歌え」と、学校の式典などで活躍の場をつくってくれたのです。

人間、不思議なもので、褒められるとその気になります。中学時代はテレビがないせいで友だちもいない、非常に寂しい3年間でしたが、その分、私は学校でのうっぷんをぶつけるように「のど自慢荒らし」をするようになりました。

大会があると知ると自転車で近隣の町まで出かけて行き、優勝賞品としてスイカやら、扇風機やらをもらったものです。

その後、中学を卒業して働きだしてからは、プロの歌手になるために本格的な歌謡コンクールに挑戦していくようになるのですが——。それについてはまた後ほど記したいと思います。

ちなみに、稲田先生というのは、実は、真庭市出身の歌手であり俳優でもある岸田敏志《きしださとし》さんのお父さまです。

岸田敏志さんは、大ヒット曲『きみの朝』で知られ、また、ドラマ『1年B組新八先生』（TBS系列）の主役、舞台『屋根の上のバイオリン弾き』やドラマ『渡る世間は鬼ばかり』（TBS系列）への出演もされ、帝国劇場で1年半もの長期公演されたミュージカル『ミス・サイゴン』では本田美奈子.さんとの共演で話題を呼んだ、真庭市民にとっては郷土のスターです。

郷土の生んだスター、岸田敏志さん（中央）と。

本社ショールーム内に設置した「岸田敏志ふるさとギャラリー」には、デビュー当時のギターやレコードなど、ここでしか見られないものを多数展示。

私は、そうしたご縁から岸田敏志さんの後援会長も務めていて、本社ショールームの中に、「岸田敏志ふるさとギャラリー」を展示しています。

この度、岸田敏志さんのご厚意で、佐

田建美の創業45周年の記念として作詞・作曲していただけることになりました。1曲は岡山県北部地域をテーマにした『美作《みまさか》三湯女旅』、2曲目は私が独立して共に苦労してくれた妻に捧げる『ねぎらい酒』です。

地方の建具屋のおやじがあまり接点がないような芸能人の方と出会い、今に至っているのですから、こうしたご縁は本当に大事にしなければいけないと思っています。

何か一つのことを徹底的に学ぶことの大切さ

稲田先生には、歌以外でも自信を付けてもらったことがありました。

それは社会科の知識でした。授業中、稲田先生が地球儀を取り出して、くるくると回しながら、それを指でピタッと止めます。その指の指す国名と首都名を答えるゲームをしながら、「これがどこの国でも瞬時に言えるようになってないと小学校は卒業できない」というのです。

「もし国と首都が言えなかった場合はどうなるんですか?」と生徒が聞くと、「もう一度、6年生をやってもらいます。だから頑張って覚えてくれ」と。

私たちは「こりゃ大変だ」と必死に暗記し、どこの国名も首都もスラスラ言えるようになりました。先生にまんまと騙《だま》されたのです。

しかし、そのおかげで、中学校でいろいろな小学校の卒業生と合流したときに、「あの小学校から来た子たちは頭がいい」という評判を得ることになりました。

同窓会をしたときも話題になったのですが、稲田先生は、教え子たちが馬鹿にされないように、何か一つでいいから、周りの子たちを圧倒するような知識と自信を付けてくれたわけです。

そういった自信は、その後の人生にも大いに役立ちました。今振り返っても、稲田先生には自分の成長だけでなく、人を育てるために大事なことをたくさん教わったと思います。

恩師の稲田先生と。得意なことを伸ばす楽しさと大切さを教えていただいた。

何のために生きるか？
それはテレビを買うためだ！

先ほど、我が家にはテレビはなかったと書きました。しかし、農作業に使う耕運機などは買っていましたので、無理をすれば買えたような気もするのです。

しかし、祖父母や母がそうしなかったのは、「家が貧乏なのだから、それにふさわしい生活をしていかなくてはいけない。テレビは贅沢品だ」という考え方をしていたからでした。

その時々の、自分の身の丈にあった生活や買い物をするという祖父たちの価値観は、とても素晴らしいことだ、と大人になった今なら理解できます。

しかし、祖父たちにそういう信念があったとしても、子供の私はテレビが見たくて仕方ありませんでした。それで、「自分が働き出したときには自分でテレビを買う！」ということが、人生最大の目標になったのです。

「早く社会に出てテレビを買いたい！」

「何のために生きるか？　何のために働くか？　それはテレビを買うためだ！」

今考えるとおかしいようですが、当時は本気でそう考えていました。

合格していた高校進学を諦めて建具職人の道へ

高校は、近くの普通科高校の試験を受け、合格しました。当時の高校進学率は、地方でも80％を超えていて、私も当然のように高校に行くものだと思っていました。

ところがその年の３月、家計を支えていた母親が病に倒れたのです。しばらく危篤状態が続いて、医者からは、「助からないかもしれない」と言われました。

母がそんな状態ですし、私には弟もいました。それで子供なりに考えて、当時の担任の兼田清志《きよし》先生に「高校に行くのをやめて働きたい」と相談しました。

「それなら訓練校というのがあるから行くか？」

「訓練校に入ったらどれくらいお金がもらえるんですか？」

「バカ言うな。訓練校というのは授業料がタダになるだけでお金はもらえん」

「それなら働きたいです」

こんなやり取りで急遽、働くことになったのですが、集団就職組は既に就職先が決まって、卒業式を待たずに皆、東京や大阪へ上京した後でした。「困ったな」と思っていたら、先生が、「建具屋」（障子やドアを作っているところ）をしているという、自分の小学校時代の同級生で村松悦治《むらまつえつじ》さんという親方と、話を付けてきてくれました。

こうなったら自分が職人に向いているかなど関係ありません。そこしか自分が行くところはないのだから行くしかない。そこで4月からその親方のところで、見習いとして働くことになったのです。

「もう辞めたい」と話したら祖父に下駄《げた》を投げつけられた

今でもたまに思い出しますが、昔の修業はやっぱりつらいものでした。

弟子入りしてから1カ月が経とうかという4月末のこと。親方が「みんな集まれい！」と言うので、5人の職人と見習いの私が、テーブルの周りに集まりました。みんなが手拭いで丸椅子のホコリを払いながら座ります。

すると親方は一升瓶を取り出し、人数分の大きな湯呑みに酒をなみなみと注ぎだしました。一升をぴったり七等分するので、一人当たり一合以上あります。受け皿にこぼれたしずくを口で吸いながら、「今月もみんなご苦労さん！」と乾杯。もちろん15歳の私の分もありました。そういう時代だったのです。

そのときのことは、まだお酒の良さはわからない私の心にも強く残りました。後々のために勉強になると思ったのは、親方が湯呑みの八分目まで酒を注ぐのではなく、敢えて受け皿にこぼれるほど注いでいたことです。

一見どうでもいいような違いですが、丸一日、汗水垂らして働いてきたねぎらいの席では大きな違いがありました。酒がこぼれるまで注いでもらい、すすっていると、職人たちにとっては「期待以上のもてなしを受けている」という至福の満足感を得られるのです。それは親方なりに考えた演出だったのでしょう。相手に対しての心遣いの大切さを教えていただき、親方には今でも感謝しています。後で思い出すと、この修業時代に多くのことを学びました。

社会人としてスタートしたこの頃の私には、修業そのものの厳しさの他にも悩みがありました。まだ見習いだったので、わずかなお小遣いしかもらえなかったことです。たしかに当時の職人修業はそんなもの――ではあったのですが、私は家計を助けるために進学を諦めたのです。すぐに一人前のお給料をもらえるものと思い込んでいた私は、ひどくがっかりして、３カ月過ぎたところで辞める決意をして家に帰りました。

すると玄関先にいる私に祖父が気づいて出てきました。「どうしたんだ?」と聞くので、「いや、もう辞めてきたんだ」と話すと、「勘当じゃ!」と、ものすごい剣幕で怒鳴りました。

「石の上にも三年という言葉がある。それが3カ月で辞めるとは何ごとだ！　二度とこの家の敷居はまたがせん」

祖父はそう言って、履きかけていた下駄を私の腹に投げつけてきました。

仕方なしに次の日からまた仕事を続けることになったのですが、この一件で、諦めというか、腹が決まったというか、「ここで生きていくしかないんだな」と思ったのを覚えています。

それにしても、15歳の孫を追い返した祖父はすごかった。祖父は、小さなときに高野山で修行をしていた人で、自分の信念を持っていた人でした。

あのときこの仕事を辞めていたら、今の私はなかったでしょう。まだ子供ですから仕事もなく、ずっと家でぶらぶらして、いずれにしても良いことにはならなかったと思います。

初めて作った製品は、親方の義父が孫のために注文した勉強机

製品を初めて一人で作ったのは、それからしばらく経ってからでした。

ある日、親方の義理の父親が工場を訪ねてきて、親方と何か話していました。何の話か

と思っていたら親方から呼ばれ、「おまえ、ちょっと仕事してみるか？　勉強机を作ってみろ」と言われたのです。

親方の義父が、孫のために勉強机を注文したのでした。

それまでは片づけや掃除などの雑用しかしていなかったので驚きましたが、親方が手で簡単に書いた図を見て、一生懸命に作りました。「わからないことは聞け」と言われても、何がわからないかがわからないので、「そういえば先輩がこうしていたな。ああしていたな」と何日か前に見たことを思い出しながら作りました。

天板があるだけの本当に簡単な机です。今思い出すと、大した出来ではなかったと思いますが、親方の義父は、完成した机を取りに来ると、「これ、おまえが作ったのか？　いい仕事をしたなあ。いい職人になれるぞ」と褒めてくれたのです。これは本当に嬉しかった。

それ以来、だんだん仕事がおもしろくなってきて、真剣に打ち込むようになりました。

ぼーっと働いている人とよく観察しながら働いている人の差

当時の修業は、「仕事は見て盗むものだ」と言われるだけで、今のように親切なマニュアルなんてありません。自ら観察して盗み取る以外、一人前になる方法はありませんでした。最初は片づけや掃除といった雑用です。

例えば、「坊主、この辺を掃除しとけ」と言われたときに、はじめは丸1日かかったとします。それが、だんだん要領を覚えてくると半日でできるようになり、さらに、2時間でできるようになる。

すると、親方が、ある時期を見計らって、「ちょっと、これやってみろ」と簡単な仕事を任せてくれるのですが、そのときに何もできず、「どうやってやるんですか?」と言ったら、また「掃除しとけ!」となります。

そうならないように、ぼーっと働いていてはいけない。チャンスを生かすためにも、日頃から親方や先輩たちの作業の一つひとつをよく見ておかなければいけないということを学びました。

これは今でも、何をするときにも役立つ、大事な心構えだと思います。人生を変えるようなチャンスは何回も巡ってくるわけではないからです。

目標とする存在を具体的に決めたほうが成長は早くなる

どんな仕事でも同じだと思いますが、「この人と同じことができるようになろう」とか「この人には絶対に負けたくない」、あるいは、「この人から褒められたい」といったように、自分が目標とする人を具体的に、できれば身近な人に決めることは大事です。そのほうが、成長が早いのです。

私にも、そういう存在がいました。

私が見習いで入った半年後に、中途で入ってきたＡさんです。私より年上で、いったん東京で就職して大工見習いをしていたけれど、腰を痛めて実家に帰って来たという人でした。

見習いの頃（20歳くらい）。

当然、私より仕事ができましたので、彼のことをよく見て学びましたし、「この人だけには負けたくないな」と思いました。おかげでぐんぐん成長できたと思います。

目標となる人をつくったのは、独立した後も同じでした。「Bさんのところには負けたくない」と頑張って、抱えている職人の数がBさんよりも多くなったら、次は「Cさんの会社よりも上になろう」といった具合に、次々と目標を高く設定していきました。

掛け値なしに「人生で一番嬉しかった日」

やっと給料らしきものがもらえるようになったのは、弟子入りして2年くらい経ってからのことです。１日につき３００円の日当でした。

30日間休みなく働いて月９０００円です。この頃の物価は今の10分の1くらいですから、決して良い給料ではありません。でも、その９０００円がもらえるようになったときに、いよいよ私の夢が実現することになるのです。

近所に「長谷部電機」という家電屋さんがありました。私はその店の前を、何度も何度も行き来しながら中を覗《のぞ》いていたのですが、あるとき、丸眼鏡をかけた店主から声をかけられました。

「おい、坊主。テレビが欲しいのか？」

その通りなのですが、９０００円の月給ではとても買えません。当時のテレビは、今と違ってかなりの高級品です。たしか、白黒テレビでも７万円以上、カラーテレビだと20万円くらいしたはずです。見ないときには、ホコリが付かないようにカバーをかけるほど大事にされていたのです。

欲しくても代金が払えるはずもないのですが、思わず「うん」と返事をすると、その店主は、「よし、入れ」と言いました。なるほど、店の前に並べていたのは新しい製品でしたが、奥のほうには中古の安いテレビがあったのです。

「おい、坊主、ここにあるテレビをお前に売ってやる。どこで仕事しているんだ？　職人の修業中？　それなら給料あまりもらっていないだろう。じゃあ、出世払いじゃ。毎月いくらなら払える？」

店主にそう聞かれたので、「月に３０００円くらいなら……」と答えたら、「わかった。給料をもらったら３０００円払いに来い」と。結局、合計６万円くらいで売ってもらえました。

その次の日曜日、店主が屋根に上がってアンテナを取り付けてくれたときには、もう有頂天。人生、天下を獲った気分です。

ついに自分のお金でアンテナを立てたのだ――。そのときの嬉しさは、その後にフェラーリを買ったときよりも、結婚式よりも上です。掛け値なしに人生で一番でした。出世払いだったとはいえ、思い続けていれば夢は叶うんだなと強く思えた日でした。

結局、その日は、1日中いろいろな番組を見ました。北大路欣也が主演のNHK大河ドラマ『竜馬がゆく』が放映されていました。当時は夜10時頃に放送が終わってしまうので、深夜はザーザーと音のする、いわゆる「砂嵐」のような画面になってしまいます。

しかし、私は何も映っていない画面を見ながら、朝まで泣いていました。

頑張る理由が「欲しい物を手に入れる」でもいい

念願のテレビを手に入れた後に目標としたのは、クルマです。

18歳で運転免許を取れるようになると、青色の「フロンテ」（スズキ）の中古車を10万円ほどで買いました。

今思い出すと、そのクルマは本当にボロボロで、タイヤの溝がありませんでした。溝がないどころか、あまりに乗り潰しているので、表面が削れて中から「カエル」が出たほどです。現在ではそんなタイヤはほとんど見かけなくなりましたが、当時はタイヤの中にチューブがあって、それが出た状態を「カエルが出た」と言ったのです。

それでもドライブをしていると楽しくて、いろいろな場所によく出かけました。その後は、「サニークーペ」（日産）に乗りたい、「カリーナＧＴ」（トヨタ）に乗りたい、「フェアレディＺ」（日産）に乗りたい、「フェラーリ」に乗りたい、とだんだん目標を高くしていきました。

ただし、テレビより後の買い物は、ほとんど現金で買いました。祖父母や母の影響もあって、ローンによって先に手に入れるのではなく、それを無理なく買える自分になったうえで、夢を実現していこうと思ったからです。

初めて買ったスズキの「フロンテ」。欲しい車に乗り換えていくことが大きなモチベーションになっている。

よく教育セミナーや生き方講座などで講師の方が、「物に囚《とら》われてはダメですよ」とか、「物は物であって、大事なのは精神です」と語っていることがありますが、私は、そういう話が全く受け入れられません（笑）。

少年時代に貧しかったためか、頑《かたく》なに物にこだわっていますし、「物を手に入れることが目標だ」とさえ思って生きてきました。

物が欲しくて本気で頑張れるなら、それでもいいじゃないですか。物も精神も大事にすればいいのですから。

オーディション番組で敗退——プロの歌手になる夢を諦めた日

本気で修業に打ち込んだこともあり、私は18歳のときに、岡山県の技能士検定二級で金賞を獲得することができました。

少なくとも岡山県では一番になったという事実は大きな自信になりましたし、自分はこの道で生きていくんだなという実感のようなものが生まれたのを覚えています。

ただ、当時の私にはもう一つの夢があったのです。

それは、プロの歌手になることです。

当時は、森進一さんが『女のためいき』でデビューして、大ヒットを飛ばしていました。母子家庭で育ち、鹿児島から集団就職で大阪に出て来て、仕事を何度も何度も変えながら苦労して、わざわざ声までハスキーに潰して、歌手として大成したのです。

自分も森進一さんのようになりたい。もしプロの歌手になれたら今の生活が一変するのではないか？　そんなふうに願う私にとって、彼は絵に描いたようなお手本でした。

だから、建具の仕事をしながら、いろいろな歌番組にチャレンジしていました。

アイドルの登竜門《とうりゅうもん》だった『スター誕生！』（日本テレビ系列）や『NHKのど自慢』（NHK）、『家族そろって歌合戦』（TBS系列）などに出場し、『素人名人会』（毎日放送）では名人賞をもらいました。

地元ののど自慢大会にて。プロの歌手になりたくて「のど自慢荒らし」をしていた。

そういった武者修行を重ねた末に、いよいよ『全日本歌謡選手権』（日本テレビ系列）という、プロもアマも出場できるオーディション番組に出演することになりました。この番組には、五木ひろしさん、八代亜紀さん、南こうせつさんなども出演していて、皆さん、その後に大スターになっていきました。私にとっては憧れの番組です。

プロの歌手になる道は諦めたが、老人ホームを慰問するなど、今でも人前で歌うことがある。

1次予選は高松市で行われ、763人の応募者がいました。その後、2次予選、3次予選と勝ち抜いていき、最後は私を含めた7人が番組出場権を得ることができました。そこで10週勝ち抜けば、グランドチャンピオンとして、デビュー（もしくは再デビュー）のチャンスがあります。

夢の大舞台に胸躍りましたが、私には何かが足りなかったのでしょう。結局は3週で消えていくことになりました。そこで歌手の道はきっぱりと諦めたのです。

そのときに私が悟ったことは、「何事も一番にならなければいけない」ということでした。特に、競争の激しい芸能界で歌手として活躍したいのであれば、オーディションでは圧倒的な実力を持っていなければいけなかったのです。

やっぱり二番以下ではダメなのだ。ならば、建具の世界で一番をめざしてやっていこう――。そうやって気持ちに区切りを付けた私は、独立することにしました。

引力カタカタ真庭

平成29年全国建具展示会　一般来場者投票第1位・石川県知事賞受賞

「引力カタカタ真庭」は、スギと真庭産のヒノキを使った「巨大な木のひよこ」です。全長は1.2ｍ。その巨大なひよこが、カタカタと前後に揺れながら体重移動をし、４ｍほどのレールの上を歩いていきます。

これは近くで見なければ絶対にわからないのですが、その迫力とかわいさとおもしろさは、周りにいる誰をも惹きつける魅力があります。持っていく先々で子供たちの大人気となります。

巨大なひよこに自然と子供たちが惹きつけられ、集まってくる。

2019年に新装再開業したThe Okura TOKYOのメインロビー。世界中からの来賓を迎えるこの仕事を任せていただいたことは、私の職業人生にとって大きな財産となりました。そのきっかけは、数十年来にもわたる一人の尊敬すべき人との縁でした。

第3章

人の縁を大切にする

——The Okura TOKYOに組子を納入

人生を豊かにできるかどうかは人との縁にかかっている

「小才は縁にあって縁に気づかず。中才は縁に気づいて縁を活かさず。大才は袖すり合った縁をも活かす」

私の座右の銘の一つに、こんな言葉があります。

要するに、人との出会いやつながりを大事にする人としない人では、その後の人生に大きな差が生まれてしまう――ということです。諸説ありますが、これは剣豪として有名な柳生《やぎゅう》十兵衛《じゅうべえ》の家に伝わる逸話とされています。

柳生家というのは大和地方の小豪族で、剣術の腕も「畿内一」と言われるほど優れていました。あるとき、徳川家康にその腕を見込まれて、柳生宗矩《やぎゅうむねのり》（十兵衛の父）が徳川家の兵法指南役《へいほうしなんやく》に抜擢されたところから家名が高まっていきます。それだけではなく、後には大目付という幕府の要職にも就き、1万石以上の領地を持つ大名にまで出世していきました。

まさに異例の昇進ぶりですが、私はその秘訣の一つに先ほどの言葉があるような気がしています。

当代一の剣豪であり、兵法指南役といえば、今でいう「技術屋」です。ひたすら剣の技術を突き詰めていた人間が、自分の子供や孫に対しては、「生き方」を諭《さと》しているのが私にはとても印象的でした。

柳生家は、剣術の腕と共に政治力にも長けていたと言われていますが、それだけではここまでの出世はできません。やはり、人生にとって大事なのは、人との縁を大切にすることだと彼らもわかっていたのでしょう。

それは、現代の政治家や企業人を見ていても、よくわかります。

超一流の大学を出ているような優秀な人が、自分の頭の良さや能力を過信し、縁を大切にせず、他人のために汗をかいてこなかったために出世できなかった例を、皆さんも身の回りでたくさん知っていると思います。

所詮、人間は一人では何もできませんし、一人で生きているわけでもありません。周りに生かされ、生かしている中で、人とどうつながっていくかが大事です。

特に、仕事とは関係ないところで良い付き合いができる人が増えていくと、人生はより豊かなものになります。

ここに思い出を記す、故・橋本保雄さん（ホテルオークラ元顧問）との、趣味のオートバイを通じた交流も、私の人生を彩る大切な宝物となっています。

趣味がつないだ「伝説のホテルマン」との運命の出会い

橋本保雄さんは1931年生まれ。ホテルオークラの専務、副社長、顧問を務めたほか、ホテルやサービス業界の各種団体のトップも歴任された「伝説のホテルマン」でした。また、『ホテルオークラ〈橋本流〉大人のマナー』（大和出版）、『感動を創るホスピタリティ』（ゴマブックス）など多数の本も出版されている方です。

その橋本さんと出会ったのは1984年の秋、私が33歳のときでした。

当時の私は、休日の前日になると、夜に自宅を抜け出し、オートバイで日本中をツーリングしていました。

その日も、岡山から東京まで夜通し走り続けていたので、朝方に首都高から東北自動車道へと抜けていく途中で、一旦高速道路を下りて休憩することにしたところでした。

自動販売機の側で缶コーヒーを飲み、「さあどこで朝ごはんを食べようかな」と考えていると、そこにＢＭＷのオートバイがやって来て、ライダーがヘルメットを脱ぎながら話しかけてきたのです。歳は50代半ばくらいですが、くたびれたところなど全くなく、とてもダンディな男性でした。

「今日は天気が悪いそうだけど、持ちそうだね」

「ああ、そうですね。空が明るいようだから大丈夫ですね」

一番全国を一緒に走った相棒ともいえるホンダVF1000R。

このやり取りが、私の人生の師であり、良きバイク仲間であった橋本保雄さんとの、最初の会話でした。

オートバイであちらこちらを旅していると、サービスエリアなどでの休憩時に、初対面のライダー同士が、「岡山からですか？」「あなたは福島ですか？」と声をかけたり、情報交換がてら話に花を咲かせることはよくあります。

ツーリング中は長時間ただひたすら黙って走っているので、一人の世界からポンと解放されたときにライダーを見かけると、旅先で同志に出会ったような感覚があるのです。

　このときも二言三言そんなやり取りをした後、橋本さんはどこかへ走り去っていきました。

　その後、私は、北に向かって風まかせのツーリングを続け、たまたま案内表示に書かれていた日光東照宮（栃木県）をめざすことにしました。ところが、その駐車場に着いたら、見覚えのあるＢＭＷのバイクが置いてあるではないですか。

「あれっ？」と思って眺めていたら、トイレから橋本さんが戻ってきました。

「君は今朝会った人だなあ！」

「そうです！」

「ここへ来たの？」

「いえ、看板があったのでふらっと来ただけです」

「昼飯は？　そこの食堂で食べようよ」

　食事をしながら、橋本さんが「日光には『いろは坂』という有名なところがあって、そこが結構いいコースなんだ」と教えてくださったので、一緒に走ることになりました。

　午後遅い時間になると、橋本さんが「今日、岡山に帰るのか？」と言うので、「いえ、夕べ夜通し走ってきたので、東京あたりで泊まってから帰ろうと思っています」とこたえると、「そうか、じゃ、うちに泊まるか？」と言いました。

さすがに「初対面で家に泊まるのは……」と私が戸惑っていると、彼は、「いやいや、俺はホテルに勤めているんだよ」と言います。それならいいかと後をついて行ったら、そこは港区虎ノ門にあるホテルオークラ東京だったのです。

さすがにオークラの名前と格式は知っていましたから、財布の中身が心配になりました。

「あの、すみません。ここは高いんじゃないですか？」と言ったら、橋本さんは、「ああ、そうか。君は1万円を持っているか。ある？　じゃあ1万円で泊めてあげるよ」と言って部屋を取ってくれました。

その夜は、橋本さんが深夜勤務に入るまでの間、ホテル内にある「さざんか」という鉄板焼きのお店でいろいろな話をしました。地方の建具職人と超一流ホテルの管理職という不思議な取り合わせでしたが、私はなぜかとても馬が合うものを感じました。

翌朝、橋本さんは仕事中だったので、私は1万円を支払ってチェックアウトし、前日の会話の余韻に浸りながら岡山まで帰りました。

さて、高い部屋代や食事代まで出していただいて、お礼をしないわけにはいきません。とはいえ、礼状と一緒に何か品物を送るにしても、相手は世界中の良いものを知り尽くしているに違いない超一流のホテルマンです。どんなものなら喜んでもらえるだろうかと、しばらく悩みました。そのとき、ふと軒先にあった吊るし柿が見えたのです。

これなら珍しくて喜ばれるかもしれないと思い、当時吊るし柿を売っていた近所の菅原《すがはら》鴻石材《ひろしせきざい》さんを訪ねたら、12月の中ごろに取りに来てほしいと言われました。「いやいや、今欲しいんです。贈り物にする予定です」と言ったら、「吊るしてからまだ10日も経っていない。そんなもん、出すわけにいかないでしょう」と断られてしまいました。

困ったなと思いましたが、「うちで食べるから……」と話をつけて、いくつか買って帰って自宅の軒先に干しておきました。

1週間から10日くらい経って、その柿を見てみると、色が変わり、汁がポトポト落ちています。表面は、擦り傷をしたときの「かさぶた」ができているような状態で、見るからにグロテスクです。

おそらく東京の人が「干し柿」として理解しているのは、これと違って、白い粉がふいていて見た目の良い正月用の商品でしょう。

田舎の子供はそんな干し柿を食べても美味しいとは思いません。吊るし柿を買ってみて、思い出したのですが、そういえば、私も子供の頃は、おばあちゃんが皮をむいて干した柿を、途中で一つ、二つ、未完成の状態で食べていたものです。それが甘くて美味しいのです。

橋本さんご夫妻（右）が岡山県真庭市までお越しくださったときの一枚。本社ショールーム前で。

卵料理でたとえると、カサカサになるまでに火を通した卵焼きと、半熟のスクランブルエッグとの違いのようなものです。柿は、渋が落ちて、見た目が悪く、ぶよぶよの状態が甘いのです。口の中に入れたら、種だけぷっと吹き出せるくらいの柔らかさです。

私はそれを思い出して、「橋本さんにはやはり一番美味しい時期のものを食べてほしい」と考え、半製品の状態で送ることにしました。新聞紙だと水分でびしょびしょになるので、藁《わら》でくるんでおきました。

すると、すぐに橋本さんからお礼状が来たのです。

「この度は珍しいものをありがとうございました、美味しくいただきました」と。

よかったなあと一安心していたら、次に橋本さんの奥さまからも、「岡山にああいう柿があることは知りませんでした。東京にいらっしゃるときにはぜひ家にもいらしてくださいね」とわざわざお電話をいただきました。

あのとき石屋さんには叱られましたが、思い切ってお贈りして正解でした。

もちろん、吊るし柿は岡山独自の食べ方ではありません。全国どこにでもあるのですが、「半製品」をごちそうしようと思って発送したのは、全国で私一人ぐらいだったということなのです。

こうして喜んでいただいた経験は、後々のビジネスを考える上でもずいぶんヒントになりました。要は、意外性の大切さです。

それはともかく、そのときの交流がきっかけで、橋本さんご夫婦との良いお付き合いを長く続けさせていただくことになったのです。

建具師なのにホテルオークラ「ライダーズクラブ」に入会

橋本さんからは、ホテルオークラの「ライダーズクラブ」にも誘っていただきました。当時、ホテルオークラには東京だけで2670人くらいの社員がいて、その中の70人ほどが参加しているクラブがあったのです。

私はホテルマンでもないのにご厚意で入れていただき、皆さんとも親しくなりました。ツーリングの企画があると、まず岡山から東京まで700㎞走ってから合流するという不思議なことをしていましたが、とても楽しい時間でした。

橋本さんらとヨーロッパツーリング。これがきっかけで本場ドイツの家具づくりの技術に出合った。

もっとも、橋本さんからは、ライダーズクラブとは別に、個人的にお誘いを受けて、よく二人旅にも出かけました。クラブのメンバーのほとんどは橋本さんの部下や後輩にあたる人たちですから、おそらく、仕事上の立場を完全に離れたところで、気兼ねなく走りたかったのでしょう。

橋本さんらとツーリングをしたのは国内だけではありません。1990年には、ドイツのミュンヘンにもお供しました。そのときにドイツ製の家具に出合ったことが、後の佐田建美の人気ブランド「ケルン32」シリーズ（ドイツのオーダーシステム家具）の発売につながっていくのですが、それは第6章で触れたいと思います。

ホテルオークラの美は「清楚にして優雅」

日本が世界に誇るホテルオークラのことは、皆さんもご存じだと思います。

例えば、東京駅に着いて、タクシーに乗り込むとしましょう。

「（有名企業の）○○の本社へ行ってください」とか、「○○ホテルへお願いします」と言っても、運転手さんから「えっ？　どこですか？」と場所を聞かれることはよくあります。しかし、「ホテルオークラに行ってください」と言って、運転手さんが聞き返してきたり、カーナビをセットしたりすることはまずありません。

私は東京に行くたびに試験的に確認していますが、そういう運転手さんは過去に一人もいませんでした。ホテルオークラとは、日本にとってそれほど存在感のあるランドマークだということです。

そのホテルオークラが世界中の来賓を出迎える際に、総支配人がメインロビーで必ず案内するものが三つあります。

一つ目は、天井から吊り下がっているオークラ・ランタンと呼ばれる照明。これはガラスの切子が使われています。

二つ目は、壁に飾られた「四弁花文織成壁《しべんかもんおりなりかべ》」という織物。

そして三つ目は、大間障子の上に組まれた、麻の文様の組子細工です。

これらの意匠は、2019年9月12日、ホテルオークラ東京が、The Okura TOKYO（ジ・オークラ・トーキョー）として新装再開業する際にオークラ プレステージタワーのロビーとして、忠実に再現されることになりました。

「シンプリティ&エレガンス（清楚にして優雅）」という日本の美を体現したオークラの魅力を語るときに、この3つは欠かせないものだったからです。

ただし、ランタンは同じものを再現できる職人がいませんでした。そのため、YAMAGIWAという照明器具の老舗企業が、光の印象が変わらないように微調整しながらランタンの中の電球をLEDに交換・補修を担当しました。

また、「四弁花文織成壁」という織物は、前回同様、京都の老舗織物企業の龍村美術織物が制作しています。

そして、もう一つの組子細工は、ホテルの創業時に制作したのは岐阜の職人だったそうですが、今回は、佐田建美が請け負うことになりました。

飛鳥時代から続く建具の伝統的技法「組子細工」

組子とは、障子や襖《ふすま》などの建具を構成する細かい部材のこと。そして、組子細工とは、それらの細かい部材を釘や留め具などを一切使わず手作業で組み上げ、幾何学的な文様などを表現していく技法です。1400年前の飛鳥時代から使われており、奈良の法隆寺などにもその装飾が遺されています。組み方は200通り以上あります。

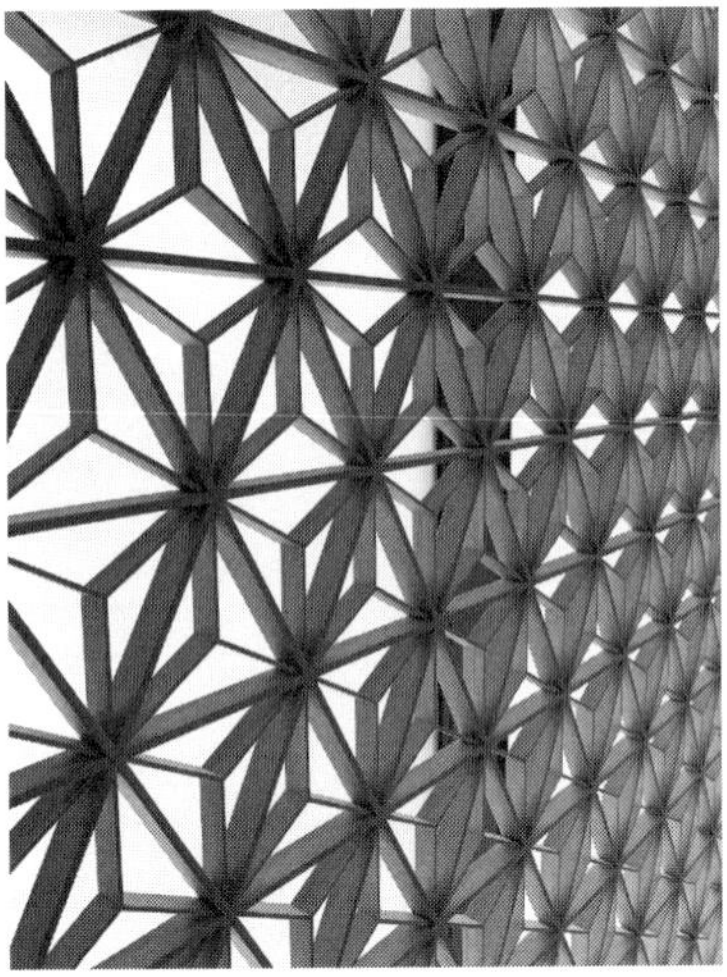
The Okura TOKYO と同じ、麻の葉の模様の組子細工。日本に古くから伝わる柄の一つ。

加工には、熟練した技術が必要で、1

洋式のホテルにはない佇まいが特徴の The Okura TOKYO のロビー。組子細工、障子、江戸切子、織物と、和を基調にしたしつらえになっている。

０００分の１㎜単位の精度で行います。木材と木材の隙間は紙１枚ほどもありません。機械には絶対にできない感覚的な世界です。制作にあたっては仲間の木下正人さんにも協力していただき感謝しています。

佐田建美では、真庭の木材の中から最高のものを選りすぐって創る組子を「真庭組子」と名付けています。この真庭組子は、「木製スーパーカー真庭」など佐田建美の多くの製品に取り入れられています。

まえがきにも記しましたが、The Okura TOKYO に納入した真庭組子は、樹齢２００年以上の岡山県真庭市のヒノキを使いました。幅1・735m×高さ3・7mのパネルを10枚という大きさもあり、完成に2年近くを要しました。

仲間の縁がつないでくれた「100年残る仕事」

この話が正式に決まったとき、私は佐田建美の名前と作品をこれから先100年以上もの間、世界中のお客さまに見ていただけるという事実に、震えるような感激と感謝の気持ちだったことを覚えています。

日本には、それこそ星の数ほど同業者がおり、私よりも高い技術を持っている方はいくらでもいます。その中でこれほど栄誉とやりがいのある仕事に、私を指名していただいたのは、人とのご縁があったからです。

私よりも20歳ほど上だった橋本保雄さんが74歳でお亡くなりになったのが、2006年のことでした。亡くなった10年後に、橋本さんがきっかけをつくってくださったのです。

当社では生前の橋本さんを偲《しの》んで、本社ショールームの一角に「橋本保雄　想いでギャラリー」を設置していて、生前にいただいた品々や、形見分けとして奥さまから譲り受けた遺品などを展示しています。

２０１６年のことでした。「お亡くなりになってもう10年も経つのか……」と、ふと橋本さんのことが思い出されて、オークラライダーズクラブの三山正弘さんと話し、他の仲間たちとお墓参りをすることにしました。奥さまとも10年ぶりくらいにお会いしたのですが、その折に、何と当時ホテルオークラの代表取締役会長を務めていた清原當博さんに私のことをご紹介してくださったのです。

清原夫妻にご来社いただいたときの一枚。100年以上残る、大きな仕事を任せていただいた。

清原会長にとって、橋本さんは新卒で入社したときの直属の上司であり、仲人親でもあったそうなのです。

本当に驚きました。そして、そこから物語が始まって、まさに自分の力だけではあり得ないような大仕事を任せていただくことができたのです。

その後親しくなり、奥さまが岸田敏志さんのファンでもあったことから岸田敏志ふるさとギャラリーのある岡山の私の会社にも来ていただきました。

故人を偲ぶ行動が不思議な縁を運ぶこともある

今回の件に関して、私は何か営業をしようという気は全くありませんでした。もともと橋本さんともオートバイの仲間であるというだけで、仕事のことはほとんど話したことはありません。

それに、ホテルオークラの新装再開業のような大仕事に、地方の建具メーカーが自分から売り込んで入り込むような余地は全くありません。

ところが、故人を偲んで行動を起こしたところから始まって、本当に自然の力で引き寄せられたように話が決まっていったのです。不思議な出来事でした。

人の出会い、人との縁というのは、本当に不思議であり、貴重なものです。

だから、私は折に触れて若い人たちに話します。

「これまでの人生を振り返って、節目にお世話になった人、懐かしい人を思い出し、感謝することも大事だよ。余裕があったらお墓参りも行ってごらん」と。

それは自分の利益のためではありません。

「人は二度亡くなる」と言われます。一度目は命が終わるとき、そして、二度目は誰からも思い出されなくなったときです。思い出すことがその人の供養になるのです。

そして、自分がいかに多くの人に助けられてここまで来たかを思い出すだけで、いろいろ気づくことがあるでしょう。感謝の気持ちもわくでしょう。

大事なのは、技術だけではありません。そこに人間の成長があり、新たな良い出会いやチャンスが広がっていくと思うのです。

重要なのはスピード、スピード、スピード。そしてスピード

橋本保雄さんとは、ツーリングや食事会などを通じていろいろな話をしましたが、私が特に印象に残っているのは、こんな言葉です。

「スピード、スピード、スピード。そして、もう一個加えて、スピードが大事だ」

「スピードを心がけることで人間の意識が高まる」

私もそう思います。どんな仕事であっても、成功する人はスピードが速い。作業の速さだけではなく、思いついてから行動するまでの決断が速いのです。

若い人が心がけると良いのは、まず実行するまでのスピードを速くすることでしょう。準備が完璧ではなくてもとりあえずやってみる。走りながらやっていると、アイデアもよく浮かぶし、もし計算違いや失敗があったら、実行しながらその都度修正していけばいい。

例えば、コロナ禍で必要になったテレワークなどでも、ＩＴに疎い自分が、本を読んでその上手いやり方を勉強していたら時間がかかって仕方がありません。とにかく、「良い方法はないか？」と詳しい人に聞いて回り、自分の考えをまとめながら実行したほうが上手くいく。そうすると、多くの試行錯誤を経験するので、結果的に成長するスピードも速くなります。

コロナと言えば、こんなこともありました。

私の仲間に今石好訓《いまいしよしのり》君という人がいますが、２０２０年の早春にこんなメールを受け取ったのです。「コロナ禍のニュースが連日報道されているが、一喜一憂するだけではなく、佐田建美で何かやれることは考えていますか？」と親切に連絡をくれました。さすがです。

それだけではなく、役に立ちそうな資料を持参して訪ねてくれたこともあり、私はその日の夜のうちに設計をして、アクリルと木でできた「ウィルス対策の隔て板」を創りました。

翌日、青年会議所時代からの友人の飯田さんに話をすると、彼の歯科医院をはじめ、１００台もの注文を一気にいただくことになりました。

これも、ありがたい人の縁ですし、緊急事態の中、スピード感を持って、ニーズに応えたことが奏功した例だと思います。

もっと言えば、進む方向さえ決めたら、会議ばかりせずに走り出したほうがいいのです。みんなの意見を聞いて、細かいところから個々に詰めていくと、いつまで経っても全体像が固まらないからです。

だから「木製スーパーカー真庭」を開発したときも、私は途中まで本当に走るクルマを創ることは黙っていましたし、「まてるＤＲＥＡＭ（ドリーム）」（２０２ページ参照）という大掛かりなからくり作品を創ったときには、全体像は私一人だけが把握し、社員一人ひとりには、その人の担当部分のことしか話しませんでした。

私だって、挑戦したことのない新しい企画の最初の段階では、社員からあまり細かなところを突っ込まれても、答えようがないことは結構あります。

どんな分野でも、企画というのは、そんなものだと思います。実は、紙１枚のペラペラの企画書から動き出して大成功したものも多いのではないでしょうか。

大事なのはスピードです。

先日、私が加入している津山市準倫理法人会の講師として、世界的彫刻家、武藤順九《むとうじゅんきゅう》さんがお越しくださいました。イタリアに工房をお持ちですが、現在は奥さまの実家のある津山市にお住まいです。東京藝術大学卒業後すぐに欧州に渡り、大変なご苦労の末、ローマ法王公邸、米ワイオミング州のデビルズタワー、東日本大震災の鎮魂と追悼のモニュメントなど、世界の聖地に「風の環《わ》プロジェクト」として作品が設置されています。

講演後の立ち話で、偶然にも同じ仙台生まれの橋本保雄さんの話が出て、共通の話題で盛り上がりました。とんとん拍子に話が進んで奥さまとご来社くださり、私も訪問させていただくなど、まるで10年来の付き合いのようにに打ち解けることができました。

いつか仕事をご一緒にさせていただくという新たな夢ができそうです。もう15年も前に亡くなった方の引き合わせに、またしても驚かされました。

世界的な彫刻家である武藤順九さんと奥さまにもご来社いただいた。

橋本保雄 想いでギャラリー

伝説のホテルマン、故・橋本保雄氏の想いでの品々をショールーム２階にて展示しています。

橋本氏の数多い伝説の中でも特筆すべきは、あのロッキード事件のクライマックスである、榎本三恵子氏の記者会見がホテルオークラで開かれたときです。当時オークラの取締役常務だった橋本氏が、大勢の記者や得体の知れない不審人物から彼女を命がけで守りきったのです。

「橋本保雄 想いでギャラリー」には、奥さまから譲り受けた絵画やビンテージパイプといった貴重な品々を展示している。

シンク、イス、テーブル、収納、ドレッサーなど、生活に必要なものが壁一つで完結する「移動生活壁　真庭」。常識を疑う発想力で生み出した奇抜な商品の一つ。日本インテリアデザイナー協会理事長賞受賞。

第4章

常識を疑う

——？《ハテナ》で考えれば人生は100倍おもしろい

温故知新――過去に学び、全否定してから新しいものを考える

今は、世の中が大きく、急なスピードで変わってきています。

例えば、かつて腕時計は中学生から大人まで、誰もが身に付けているものでした。しかし、携帯電話の登場によって、腕時計をする人は少なくなっています。

腕時計は時間を知るものではなく、身に付けることで自分をアピールするアイテムになっている面が強いと言っていいでしょう。

どんどん変わっていく人々の価値観や生活様式、コミュニケーションの方法に、ビジネスで対応していくためには、やはり今までの常識や自分の見方をもっと変えていく必要があります。新型コロナウイルスに代表されるような予測不可能な事態によって、価値観や生活様式の変化もより早く、さらに予測不可能になっています。常識というものはこれまでのように通用しなくなってきているように思えてなりません。

そこで、この章では、「『その当たり前』を疑う」というテーマを考えつつ、佐田建美の製作したこれまでの製品や作品をご紹介したいと思います。

新しい企画（ニュービジネス）を考えるときに、私がいつもヒントにするのは、「昔のこと」です。過去の経緯、伝統、オールドビジネスなどの中に新しいヒントがある。古いものをしっかり見ることの中からしか、新しいものは生まれないのではないか？――と思うのです。

逆に、あまりに突飛な、何もないところからひらめいたアイデアというのは、大したことはありません。むしろ、古いものをしっかり見ると、そこにまだその良さがあることがわかってきます。

また、古いものを全く無視して新しいビジネスをつくろうとしても、消費者がついてこないかもしれません。そこに追いついてくる時間を計算しなければ、「これは時代に早すぎたね」との評価で終わってしまいます。

さらに、人間社会には、変わるものと変わらないものがあります。変わったものの中にも、実は土台の部分では変わっていないものもあります。

例えば、親が遠方にいる子供に連絡を取ろうとしたときに、江戸時代なら飛脚に手紙を運ばせました。明治時代になると郵便制度が始まり、昭和になると固定電話が普及し、平成になるとパソコンやスマートフォンになりました。

しかし、親が子供を思う気持ちは、いつの時代も同じです。

大事なことは、過去のことを徹底して調べること。そして一度全否定してみること。その上で、今の技術を使って新しいものを考えることです。

今、コンビニでは、おにぎりが主力商品になっていますが、私たちが子供の頃にはおにぎりは母親やおばあちゃんが家で握ってくれるものでした。お店で買うという発想はありませんでした。しかし、「手軽に（片手で）食べたい」というニーズの部分は、今も昔も同じです。

ただ、そのおにぎりも昔のままの姿で売っていたのでは今ほど売れていなかったはずで、ビニールで個装されていて、しかも包装の開け方もとても工夫されていて、食べやすくなっているから売れている。カバンの中に、衛生的に気軽に入れておくこともできるわけです。

つまり、内容は昔と変わっていなくても、新しいアイデアや技術によって使い方が大きく変わるところに、大きなヒントがあるわけです。

日本文化の素晴らしさを新しい技術で表現する

古いものに学ぶというのは、文化に関しても同様です。

例えば、洋式のドアというのは、内と外を明確に分けるためにあります。開けるか、閉めるかの二者択一。空間を分割するために存在します。

一方、和風の戸や障子、襖といったものは、内と外とを明確には区別しません。横に引いてちょっとだけ開けて風を入れる。障子紙を通して柔らかな陽光だけを内に入れる。全部開けて、部屋と部屋の区切りをなくす。雨戸を開け閉めして縁側を「内と外」の中間として使う——といったように、そこには「あいまいさ」があります。

西洋は、ＹＥＳかＮＯか、敵か味方か、集団か個人か、自然か人工か、という区別がハッキリしています。それに対して、日本は、意思表示が苦手で、周囲の空気を読み、態度にあいまいさを残し、自然環境をあまり加工せずに生活に取り込みます。

どちらが良いとか悪いということではなく、こうしたそれぞれの文化の特徴の中に、今の時代にヒットする鍵を見つけ、まだ誰も見たことのない製品を開発するわけです。

そして、それを体現しているのが、「着がえるたてぐ　四季折々　真庭」（次ページ参照）であり、「移動生活壁　真庭」（１２６ページ参照）です。

着がえるたてぐ　四季折々　真庭

平成22年　全国建具展示会出展作品

　季節に合わせて衣類を替えるのと同様に、「四季に合わせて建具も替える」との発想で製作しました。ポイントは、引き込み戸を16枚（４枚×春夏秋冬）収納できる戸袋と、簡単に入れ替えられる構造です。

　また、大柄な組子文様をドイツ製の機械で製作しているために、本物の組子細工に比べて10分の１程度のコストで、春（桜亀甲《さくらきっこう》）、夏（麻の葉）、秋（竜胆《りんどう》）、冬（白梅）といった季節の文様を楽しむことができます。

右から春夏秋冬と、色も模様も季節に応じて替えられる。

MOVE KITCHEN（ムーブキッチン）真庭

受賞歴：ビジネスコンテスト最優秀賞（500社中）、
日本インテリアデザイナー協会賞

名前の通り、動くキッチンです。扉を閉じた状態のときにはお洒落なクローゼットにしか見えませんが、２つのIHコンロ、シンク、食器棚が付いたキッチンです。キャスターが付いているため給排水の設備のある場所ならどこへでも移動できる上に、仕切り壁としても使えるので、そのときの用途や気分によって自在に間取りをデザインできるのです。

私は、「動かないもの」の代表であるキッチンこそ、動かしてライフスタイルをもっと自由にできるようにしたいと思いました。

動くと言えば、このキッチンは、使う人の身長に合わせてシンクやコンロが電動で上下するのも大きな特徴です。

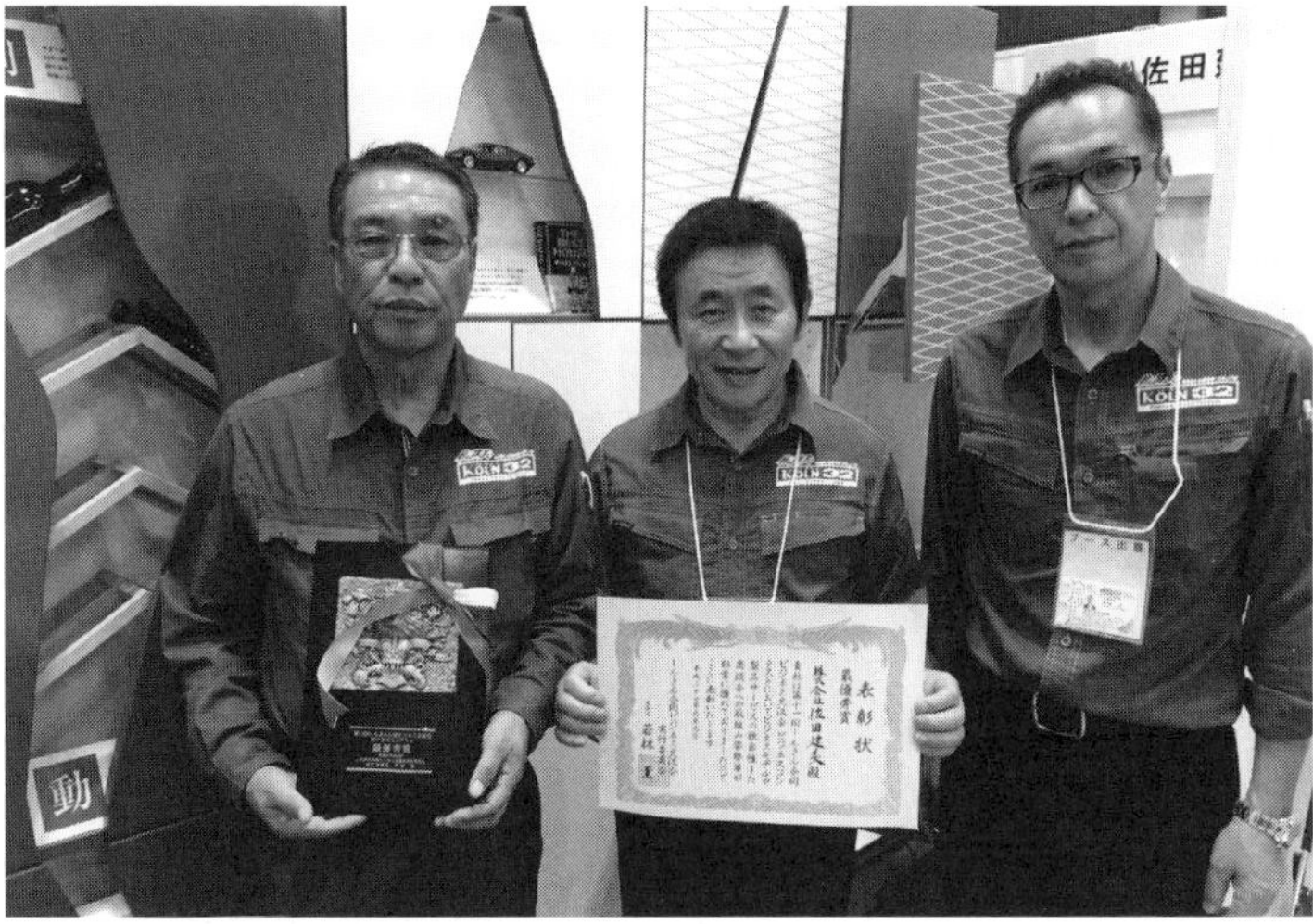

受賞時の様子。社員との記念の一枚。

物事は「へそ曲がりの目」であらゆる角度から見る

?《ハテナ》で考えるということは、「物事を正面から見るだけではなく、あらゆる角度から見る」ことでもあります。

仮にここに携帯電話があるとしましょう。これを、裏から、上から、下から、横から、斜めから……と観察してみると、同じ物でも全く違う形に見えてきます。

しかし、そこで止めてはいけません。「もっともっと別の見方があるのではないか?」と考えていくことで、その人は成長していきます。

ちなみに、携帯電話を見る角度は、まだまだ他にあるのですが、皆さんはお気づきになりましたか?

それは、「鏡に映した携帯電話を見る」です。

携帯電話ならあまり変わらないかもしれませんが、例えば、「ひらがな」や「漢字」を鏡に映してみると、文字によってはとっさに意味が読み取れません。左右反対に見るだけで全く違う意味や印象が生まれます。

こうしたことを発見してから、私は、常にちょっと「へそ曲がり」に、人と違う角度から見ていく癖が身に付いていきました。

例えば、ドライブをしている最中に、バックミラーに映った後方のクルマを一瞬で観察してみて、そのクルマが右ハンドルなのか左ハンドルなのか、とっさにはわからないものだなと思ったり……。とにかく、常に観察し、常に考えていました。

そのことが、第1章で記した「木製スーパーカー真庭」ほか、第3章以降でご紹介した「独創的」と言われる製品創りの土台になっているのです。

「大手企業の社員」と「フェラーリに乗る男」。堅実なのはどちらか？

皆さんへ質問です。

あなたの娘さん（26歳）に、二つの縁談話が持ち込まれたとしましょう。娘の結婚相手には、「堅実かつ生活力のある男性」を第一条件としているあなたは、次の2人のうち、どちらの男性を選びたいでしょうか（この場合、相手の容姿や性格、娘さん自身の好みなどは考慮に入れません）。

Aさん　大手企業に勤める31歳

一流大学を卒業。年収はそれなり。貯金は500万円。「結婚すると同時に庭のある家を建てて、生まれた子供にはピアノやバレエを習わせたい。中学から私立に入れて、自分の母校に進ませたい。年に1度は家族で海外旅行に行く」という将来計画を持っている。自家用車は、トヨタ「プリウス」。

Bさん　零細に近い中小企業に勤める26歳

高校を卒業後、地元の小さな会社に就職。独学でプログラミングやマーケティングを学び、インターネットを使った副業を手広くやっている。見かけはチャラチャラしているが、愛嬌があって憎めない感じ。自家用車は「フェラーリ360スパイダー」。

さて、あなたは、どちらの男性を選びましたか。

親として考えると、Aさんを選ぶ人が大半かもしれません。たしかに、こちらのほうが安定していて堅実な気がします。

しかし、本当にそうでしょうか。

上下左右、３６０度、さらには「鏡に映す」ように、あらゆる角度から考えてみましょう。

バラ色の将来設計は、一歩間違えれば「ペテン師」と同じ!?

まず、Ａさんですが、今は「大手企業に勤めているから一生安泰」という時代ではありません。日本を代表する企業でさえ、海外企業に買われたり、倒産したりしているのです。また、会社自体は残っても、社員は早期リストラの対象になったり、給料が大幅に下がるかもしれません。

彼は、勉強はできる。しかし、会社の看板を外しても通用する実力を身に付けているでしょうか？　何か不測の事態が起きたときに、人生を二度、三度と切り拓く生活力があるでしょうか？　あるかもしれませんし、ないかもしれません。

もう一つ、気になったのが、「すぐに家を買って……」という点です。そんな不確実な時代にあって、貯金を頭金に突っ込んで35年ローンを組む人が、果たして「堅実で計画性がある」と言えるのか、私は疑問に思います。

それで習い事やら私立中学やら年1回の海外旅行やらに至るまで、バラ色の将来設計を詳細に語っているわけですが、これは何か一つ生活設計が狂えば全て白紙になりかねないものです。

それなのに、「甘い夢ばかり約束するのはペテン師と紙一重」と言ったら言い過ぎでしょうか（笑）。

違った角度で見ればわかる「フェラーリ男」の堅実性

一方、Bさんは、勤務先こそ小さいですが、稼げる技術を独学し、効率の良い副業を手広く営んでいるところなどは、向上心と知恵と生活力があります。

彼のような人間は、世の中の環境が変わっても、あるいは、勤めている会社が潰れたとしても全く関係なく、たくましく道を切り拓いていけるタイプでしょう。愛嬌があって周りに可愛がられる要素があるのも素晴らしい。

しかも、Bさんは新車のフェラーリに乗っているのです。軽く3000万～4000万円の買い物ができるということは、収入は相当高い、もしくは相当な財産があるはずです（ここでは何か不正な手段で稼いでいる可能性を除きます）。

クルマ好きの若者によくあるように、生活の全てを犠牲にしてＢＭＷやベンツに乗っているのとはわけが違います。フェラーリなら、ローンを組めたとしても、毎月80万円以上は払うことになるので、「見栄を張って無理すれば払える」という金額ではないからです。

仮に、本人が買ったのではなく、親が出してくれていたとしても、実家はそれだけの資産家ということです。

さて、こうして違う角度から考えてみると、「Ｂさんのほうが、むしろ堅実で将来の心配も少ない」とも言えることがわかると思います。

私は、うちの会社の女性社員たちにもよくこう言っています。

「男性を選ぶときには、トヨタや日産の高級車や、ＢＭＷ、ベンツなどを新車で買っているからと言って、金持ちだと思わないほうがいいよ。ローン地獄になっている可能性がある。逆に、中古でも我慢してきっちり乗っている人のほうが堅実かもしれない。そして、フェラーリやランボルギーニやポルシェに乗っている人は堅実な人だよ」と。

もちろん、私の考え方が絶対に正しいとは言いません。

この例で言えば、大企業にいるAさんだって、知恵があってたくましく、どんな環境になっても、さほど生活レベルを落とさずにやっていける才覚の持ち主かもしれません。逆に、Bさんが親のすねをかじるだけの「大甘ちゃん」かもしれません。

何なら結論は逆でもいいのです。

大事なのは、先入観に囚われず、あらゆる角度から考えるクセを付けること。「その当たり前」は本当か？　といつも考えることなのです。

その「当たり前」は本当か？

いくつかの例を挙げてみましょう。

一つ目は、時間と距離の話です。例えば、仕事の視察などでドイツに行きたいと思ったとします。しかし、そこまでの距離と所要時間を考えたら、気軽には決断できません。

でも、それは本当でしょうか。私の住む岡山から新潟に行こうとしたら、クルマでも、電車でも、9時間から10時間くらいかかります。途中で高速道路が大渋滞していたら、もっと時間がかかるかもしれません。

一方、ドイツまで飛行機で飛ぶと約11時間かかりますが、日本とドイツとでは時差が８時間あるので、それを引くと、現地で行動をスタートできる時刻は、国内の移動とそれほど変わらないとも言えます（もちろん、帰りの時間で相殺されてしまうのですが……）。

ここで問題になるのは、物理的な距離よりも、思い込みと心理的なハードルのほうです。それらを軽く乗り越えていくためにも、「その当たり前」を疑うことは大事なのです。

二つ目は、ドイツと日本の違いです。ドイツにはもう20回くらい行っていますが、例えば、ドイツの住宅展示場では、入場料が必要です。また、棚に置いてある厚いカタログなどを取ろうとすると「有料だ」と言われます。「ＰＲのためにやっているのに、どうしていちいちお金を取るんだ？」と最初は疑問に思いました。

さらにモデルハウスの中を見て回ろうとしたら、多くの場所にロープが張ってあります。「ここから先は入ってはダメです」という意味です。

ロープのところから奥を覗いてみると、お客さまらしき人が担当者と真剣に打ち合わせをしている。「そうか、こんなサービスまであるんだな」と思っていたら、有料のコンサルでした。場所によっても違うようですが、だいたい日本円で２万円くらい払うそうです。

仮に3カ所回って話を聞いたら、相談するだけで6万円かかることになりますが、プロフェッショナルがちゃんとお客さまに向き合っているのがわかります。

それに対して、日本の住宅展示場はどうでしょう？　週末には子供やファミリー向けのイベントを開催し、法被《はっぴ》を着た明るいスタッフが出迎えてくれて、お母さんには洗剤、子供にはお菓子やおもちゃをプレゼントしてくれたりする。カタログも山ほどくれます。

一瞬得をした気分になりますが、このときに「待てよ」と思うんです。もし、そのお客さまが結果的に家を建てなかったとして、そのお土産代はどこから出るのかといえば、何のことはありません、その会社で家を建てた人が負担しているわけです。

ドイツの場合は、必要な人は自分でお金を出して住宅を見学し、プロから話を聞いている。日本の場合は、お土産をもらえますが、住宅展示場で一級建築士に長時間相談できる機会はほぼないでしょう。私が実際に出会ったスタッフは、先日までコンビニの店長をしていた人や、歩合制のセールスをしていた人たちでした。

これも両国の事情がありますから、どちらが正しいと決めつけているわけではありません。日本のほうが優れているシステムや習慣はたくさんあります。ただ、「自分がちゃんと理解できる正しい知識を得て、それで後悔なく家が建てられるならば、相談だけに6万円使うことは決して高い費用ではない」と考える価値観もあることを知っておくとよいという話です。

「旅」と「旅行」の違いを知っている人は少ない

当たり前と言えば、皆さんはどこかに遠出するときに、「旅に行く」という言葉を使いますね。また、「旅行に行く」とも言います。

どちらでも同じではないかと思うかもしれませんが、私の中で、その二つは明確に違います。

お葬式では、霊柩車《れいきゅうしゃ》が火葬場へ向かうときに司会者がこう言います。

「それではご参列の皆さま方、故人の旅立ちでございます……」

このとき、「故人が旅行に……」とは言いません。

国語辞典では同じような意味として解説されていると思いますが、私の解釈では、旅行とは、「事前にきちんと計画して、無事に帰ってくることを想定したもの。自分以外の他者の関与を前提としたもの」です。

他者の関与というのは、一緒に行く友だちが計画したり、業者にさまざまな手配を頼むことです。何らかのプランのもとに成立しているのが旅行なのです。

一方、旅とは、「予定も決めず、基本的に一人、あるいは二人で出かけるもの。無事に帰って来られない可能性も頭に入れておくもの」です。

例えば、松尾芭蕉の『おくのほそ道』なども、「旅行」ではありません。江戸を出発するときに自宅を処分していますから、やはりそれなりの覚悟があって出たわけです。だから、細かいようですが、旅行代理店が「旅プラン」とか「北海道の旅」とパンフレットに書くのは間違いだと思うのです。

旅は、誰も関わりがなくて、時間も場所も制限がありません。私はオートバイで旅に出る人には必ずこう言っていました。

「地図と時計を持ったらダメですよ」と。

今ならば、さしずめ、「スマホやカーナビを使うな」ということになります。それらを使った瞬間に、場所にも時間にも縛られるようになって、計画をこなすことが目的の、制限だらけの「旅行」になってしまうからです。

そうなると、やれ「到着が遅れた」だの、「道を間違えた」だの、「もう時間がない」だのとなって、現地で出合うものに対して真っ白な気持ちで向き合うことができなくなります。せっかく、日常から離れているのに、未知のものとの出合いやハプニングを楽しめなくなってしまうのです。

私の「旅」は風まかせ、運まかせ

既に書きましたが、私がオートバイに乗り出したのは30歳です。走ってみると、こんなに素晴らしいものはないと思いました。思い立ったらすぐに「違う世界」に行ける。今いる世界から違う所に飛んで行けるのです。

最初に買ったのは、ホンダのインテグラという750ccのオートバイです。それからＶＦ１０００Ｒという世界最速と言われたオートバイを買いました。理由は、「負けるのが嫌」だから（笑）。何でも一番をめざす以上、世界一速いマシンに乗らなければいけないと思ったわけです。

その当時は、日曜日しか休めないので、土曜日の夕方まで目一杯仕事をして、家で晩御飯を食べ、風呂に入って、さて、落ち着いたという夜9時頃からいそいそと出かける――

そんな生活でした。

私には妻がいますので、当然「お父さんどこ行くの？」と言われます。「どこ行くかわからんなあ」などと言って（笑）、出て行くのですが、実は私も本当にわかっていないのです。

なぜなら私の旅は、風まかせだからです。正確に言うと、中国自動車道の入口で一旦停まり、後から1台のクルマが来るのを待ちます。そのクルマが東へ行けば自分は西へ。西に行けば自分は東へ行くと決めるのです。

その後も全てそんな調子です。行先案内の表示があると、自分よりも2台前のクルマのナンバープレートを見ます。その末尾の数が奇数なら次のジャンクションを左に行く。偶数ならまっすぐ進む——。これで北陸に行くか、東海や関東に行くかが決まります。

北陸自動車道に入ったとすると、福井を抜け、金沢を抜け、富山を抜け、新潟の近くまで行く。そこまで行って、「そろそろ休むかな」と休憩するわけです。

いつだったか、そこで休憩していたら、向こうのほうからおじさんが「おーい！」と呼んでいました。「早く乗らないと間に合わないぞ」と言うので、言われるままに切符を買って、慌ててフェリーに乗り込みました。その船は佐渡島行きのフェリーで、船内には

「佐渡おけさ」が流れていました。

「さあ、次は佐渡島かぁ！」

自分でもどこに行くのか決めていない。わからない。流れに逆らわない。だから楽しい――。これが私の言う「旅」なのです。

「日曜日しか休みがないのに、そんな遠くまで行って大丈夫なのですか？」

「地図も時計も持たずに走っていて、仕事までに帰れるのですか？」

そんなこともよく聞かれましたが、大丈夫です。例えば、日曜日の昼に東北にいようが、鹿児島にいようが、月曜日の仕事までには帰れます。

なぜなら、高速道路にさえ乗れば、一直線に戻ることができるからです。高速に乗りさえすれば、そこから何時間くらいで自宅に戻れるかは、単純に距離から計算できます。大事なのは、日曜の夕方まで好きに走ったら、とにかく地元の人に尋ねて高速道路の入口を探す。コツはそれだけです。

全国各地への風まかせの旅で出合った「心の財産」

あるとき、長野県の田舎道を走っているときに、自転車に乗った男の子が急に飛び出てきて、間一髪でよけたことがありました。ぶつかってはいないのですが、子供が泣き出したので、その子に家の場所を聞いて、自転車を押しながら自宅まで送り届けることにしました。

そこのおばあちゃんが縁側にいたので、事情を詳しく説明していたら、そのおばあちゃんが、「あんた、もしかしたら岡山県の人ですか?」と言いました。

「岡山県ですけど……」

「岡山のどこ?」

「落合町（当時）というところです」

「私、その隣の町じゃ!」

そんな話から、家に上げていただいて、おばあちゃんの身の上話を聞いて、ご飯も食べさせてもらいました。

挙句の果てに、「帰るまでにもう一泊していくつもりだ」と話したら、親族が経営されているという旅館を紹介してくれて、しかも、その旅館の人が「宿代は要らない」と言うのです。

こんなふうに、旅先で会った皆さんは、本当に親切でした。その他にも、山梨でぶどう園の手伝いをして帰ったこともあります。休憩場所でたまたま一緒になったライダーたちと一緒の旅館に泊まって語り合ったこともありました。

富山県氷見《ひみ》市にある氷見海岸で矢田部錦四郎さん（左）と出会ったとき。

感激したのは、三十数年も経ってから、私のFacebookに、メッセージをくれたライダーがいたことです。ある日、「佐田さまでしょうか。もし間違っていたらごめんなさい。私は今から32年前に、能登半島で佐田さんに助けてもらった矢田部と申します」というメッセージが、当時の写真付きで届いていたのです。「旅の恥は掻《か》き捨て」という言葉も現在はSNSがあるので32年前のことでも蘇るのです。

その後、再会を果たし思い出話に花を咲かせましたが、こういうことがまさに旅の醍醐味だと思います。

1日330円で暮らす覚悟があれば何でもできる

自分ではよくわからないのですが、私は「無口でぶっきらぼう」という、よくある職人のイメージとは違って、すぐにいろいろな人と打ち解けることができるようです。

そういう意味で、私の強みは10年以上、日本中の国道を走りまわっていたことです。北海道から沖縄まで、オートバイでかかわった人の名前と顔はすぐに100人くらいは浮かびます。

もう一人だけエピソードを記せば、北海道の宗谷岬《そうや》で出会った屋宜《やぎ》竜三さんという人がいます。彼は沖縄県出身で、東京の洋菓子屋で修業をした後、故郷でお店を出すための準備期間に、見聞を広めるために全国を旅していました。

そのときも一緒の宿に泊まって語り合ったのですが、彼の旅の仕方はとても興味深いものでした。旅するにも、長期間となるとお金もかかります。しかし、修業中に貯めたお金はお店の開店資金ですから、手を付けることはできません。

そこで彼が実践していたのは、訪れた地でアルバイトをしながら旅をして、ある程度お金が貯まるとまた旅に出るというやり方で、1日あたり330円で暮らしているというのです。お米は自分で炊き、野菜などは八百屋さんの裏口で捨てる端切れをもらう。夜はテントで野宿です。

屋宜さん（中央）と私の友人の田中さん（右）。

彼は、その後、地元に帰ってお店を開いていますが、たくましさと知恵とでそうした貴重な経験を積んだことは、人生の良い財産になっていることでしょう。

私も、彼の話を思い出すたびに、会合で飲みに行って3〜4万円払うこともある自分の金銭感覚をいささか反省すると同時に、それだけのお金があれば、いざとなったら100日は生きられるなと違う角度からものを見直しています。

だから妻には、冗談でこんな話をしたことがあります。

「景気が悪くなってこの会社が倒産したとしても、その人たちを訪ねて行ったら、たぶん1泊くらいは泊めてくれるだろう。3日もいたら『帰れ』と言われるかもしれないが、1泊くらいなら、『よく来たなあ！』と歓迎してくれる。そうすると100日は何とかなるぞ（笑）。その間に、次につなげられるぞ」と。

もちろん、本当に泊まり歩く気持ちはありません。仕事の話を自分から持ち掛けるつもりもありません。ただ、そうしたつながりのある人がたくさんできたことで、物の見方や知識の幅が広がるという、「心の財産」が貯まったのは間違いないところです。

情報社会を疑う――「現場」に足を運ぶと違うものが見えてくる

最近でこそあまりやりませんが、私はニュースを見聞きして気になった「現場」には、オートバイで全国どこへでも足を運んでいました。

なぜなら、いくらテレビを見たり、インターネットで調べたりしても、やはり「現場」に行って、自分の目で見ないとわからないことがあるからです。

「これは一体何だろう？」

「（事の是非《ぜひ》はひとまず横に置き）なぜ、あんなことが起きたのだろう？」

現場に行ってそうしたことを自分なりに分析してみると、結構ヒントがあるのです。

たかだかそんなことに丸一日以上費やすのは、いかにも効率が悪いことのように思えます。しかし、私は、居ながらにして何でもわかる時代だからこそ、むしろ「本質」を見ることが大事だと思っています。

「本質」「本物」といったものは、現地に行かなければわかりません。そこには時間をたっぷり使ったほうがいい。全てが合理化に向かう中でも、便利なものと、そうではないことを、メリハリをつけて使い分けるべきだと思います。

例えば、１９８５年8月12日に発生した「日本航空１２３便墜落事故」のときには、群馬県の現場付近を訪ねました。

当時、夜のニュースを見ていたら、羽田から大阪に向かう飛行機が消息不明だと言っていました。私はそれを聞いて心配になったと同時に、「今の日本で５００人も乗った飛行機が墜落して、誰も気づかないなんてことがあるのか？」と不思議に思ったのです。

結局、墜落した機体が群馬県の山中で発見され、救助活動が始まったのが翌朝でしたが、私はそこがどんな地形なのか、そして、夜とはいえ、なぜ発見が遅れたのかを知りたくなりました。

群馬県に行って実際に近くの山から360度の景色を見たときに、「なるほど。こういう山岳地帯なら簡単には見つからないかもしれない」と思いましたし、救助にあたった方々の大変さを少しは理解できたつもりです。

また、オウム真理教が引き起こした松本サリン事件の現場付近や、教団が首都圏各地に持っていた施設を見に行ったこともありました。各地で起きた地震や水害の現場にも行きました。

それらには、野次馬根性で足を運んだのではありませんし、感情移入するのでもありません。その原因や仕組み、教訓といった本質を確かめるために行ったのです。

事実、ある事件の現場を見に行ったときに、その舞台となったビルの看板が四叉路《しさろ》の要の場所にあり、どの方向からやってきても、正面から視界に入ってくることに気づきました。なるほど、このビルの持ち主は、そこまでのビューポイントであることをわかったうえで、マーケティング効果が最大になるその場所をオフィスに選んでいたわけです。

これはテレビのニュースだけ見ていたのでは絶対に気づかないことでした。

岡山に帰った私は、本社ショールームの建設場所を選ぶときには、「その視点」から選び抜こうと決めました。

皆さんも、ぜひ中国自動車道を広島から大阪方面に向けて走ってきてください。北房《ほくぼう》ジャンクションを過ぎて7分も走ると、右にゆったりとカーブするあたりで、「木製スーパーカー真庭」が描かれた、ひときわ目立つ看板と、巨大なおひつの「おひつの家真庭」（235ページ参照）が真正面から目に飛び込んでくるはずです。

木製スーパーカーの写真に加えて、巨大なおひつ型の建物、さらにはショールームらしきものがあるわけですから、来社したことがなくても、気になっているドライバーは多いことでしょう。

高速道路の落合ＩＣ出口はすぐその先ですから、当社へいらっしゃる人はカーナビがなくてもたどり着けます。佐田建美がこれまで製作してきた数多くの製品が展示してある2階建てのショールーム（237ページ参照）は、各種団体や企業、学校の皆さまなど多くの方に見学していただいています。

ご予約いただければ、真庭組子の製作体験（有料）もできますし、解説とお土産も付きます。皆さまのご来社を心よりお待ちしております。

すべてがリモートでは「本物」は見えてこない

新型コロナウイルスが流行してからは、日本でもリモートワークが一気に進みました。今後は多くの仕事や学校の授業も、自宅で行う時代になっていくのでしょう。

便利なことは良いことですし、新しい技術は使いこなせたほうがいい。しかし、会議はリモートでもいいですが、「本物」はリモートで済ませてはいけないと思います。

今は離島でも田舎でもリモートワークができると言われています。実際にそうしている人も増えているそうですし、大手企業が本社を東京から地方に移すというニュースもありました。

しかし、多くの人がわかっていないのは、「東京に住んでいるからこそ見えるものがある」ということです。逆に、地方でこそ見えるものもありますが、それが一緒ではないということに気づいていない人が多いのです。

私が若い人によく話すのは、「東京の空気や風や雰囲気などを自分で感じたほうがいいよ」ということです。すると、若い子たちは、「いやいや、今、渋谷や六本木で何が流行《はや》っているかくらいは知っていますから」と言います。
けれど、果たして本当に、情報として知っていることと感じ取ることは同じことなので
しょうか。

休みの日は昼頃に起きて、テレビやインターネットを見ながらぼーっと過ごして１日が終わることもあるでしょう。しかし、岡山から夜行バスで22時半に出発すると、朝に目が覚めたときには新宿に着いています。そして、朝６時半くらいから都内で丸一日遊び、その日の21時半の新宿発に乗れば、次の日の朝６時半には岡山に帰ってくることができます。仕事にも十分、間に合うわけです。

そうした体験をするほうが、インターネットでいろいろな情報を読んでいるだけよりも、多くのことが身に付くし、アイデアも得られます。テレビやインターネットでの情報でわかることなど、実際に足を運んだ体験に比べれば、知らないのも同然のレベルです。

もしあなたがパリに詳しい人だとして、一度もパリに行ったことのない友人がテレビやインターネットの情報だけで「自分はパリを知っている」などと得意になっていたら、鼻で笑いたくなるのではないでしょうか。

東京と地方の関係だって全く同じことです。

だから「行動ありき」でなければいけません。「何でもインターネットでできる」というのは間違いなのです。

もっと言えば、インターネットで済むことはインターネットで済まし、その余った時間でどうやって本物に触れるかを考えていかないと、「人間」でなくなってしまいます。そういう人は、仕事の面でも「ロボットで十分」ということになって、企業から必要とされなくなってしまう可能性があると思います。

同じニュースでも東京と地方で受け止め方が全く違う

東京と地方とでは、ニュースの受け止め方、ニュースに対する感度も違います。

その日のニュースを見るときに、地方の人は多くの場合、地元のニュースに接していて、地方から東京を見ています。一方、東京にいる人は、初めから全国に意識が向いています。日本全国から上ってくるニュースに気を配っています。

同じことのようですが、この二つは全く違います。

それがわかったのは、「木製スーパーカー真庭」を開発したときに、真っ先に飛びついてくれたのが、ＮＨＫの『つながるテレビ＠《アット》ヒューマン（超ハヤミミ情報局のコーナー）』という全国放送の番組だったからです。彼らは、全国津々浦々の小さなニュースを見ていて、おもしろそうなものはどんどん拾い上げます。そのおかげで、「真庭」のニュースは世界へと一気に飛び火していきました。

ところが、地元にいる人は、まず地元に関係する話題に意識が向き、また、地元発の報道に慣れているので、全国と比較してそのニュースバリューを判断する意識が弱い気がします。「真庭」をおもしろがってくれる熱量も、明らかに東京のマスコミとは違いました。

こうした情報の取り方のクセは、地方の人が東京に転勤すると気が付くことなのです。だから、そこの意識を変えない限りは、東京から地方に移っても同じ仕事ができるとは思えません。

もちろん、リモートワークをするなというのではありません。見えているものの違い、できることの違い、そして、リモートでいいことといけないことの違いに、気付いていることが大事だということです。

ん。優れた収納機能はもちろんのこと、佐田建美の職人技が創り出す無駄のないシンプルなデザインは、どんなお部屋にも自然と溶け込み、ワンランク上の空間を演出することができます。

下のレバーを左に動かすと家具が簡単に持ち上がり、動かすことができます。

移動壁　真庭

時間と共に変わる家族構成やライフスタイルに合わせて部屋の間取りやデザインを変えられるのが、「移動壁　真庭」です。もともと日本の家屋は、その多くの部分は壁ではなく建具で仕切られ、季節や天候、時間帯、用途、気分などに応じて、自由に変えることができました。

家族間であってもプライバシーが重視される現代の生活事情と、日本の良き伝統文化を融合して誕生したのが「移動壁　真庭」なのです。この移動壁は、簡単に移動ができて部屋の間仕切りも自在にできます。しかし、単なる移動できる間仕切り収納ではありませ

収納に特化したシンプルデザインの「移動収納壁　真庭」（左）と、収納だけではなくシンク・IH・ドレッサーなどの多機能に特化したオリジナルデザインの「移動生活壁　真庭」（右）。

高度なスキルを必要とする組子細工を製作する女性社員。「何年目にならないとこれはやらせない。これができるようにならないと次には進めない」といった昔ながらの修業より、やってみたいことに挑戦する機会を与えたほうが人は育つと思っています。若手を育てるようになり、そのことを実感する毎日です。

第5章

無駄な修業は要らない

――「個」の時代を生き抜くためのヒント

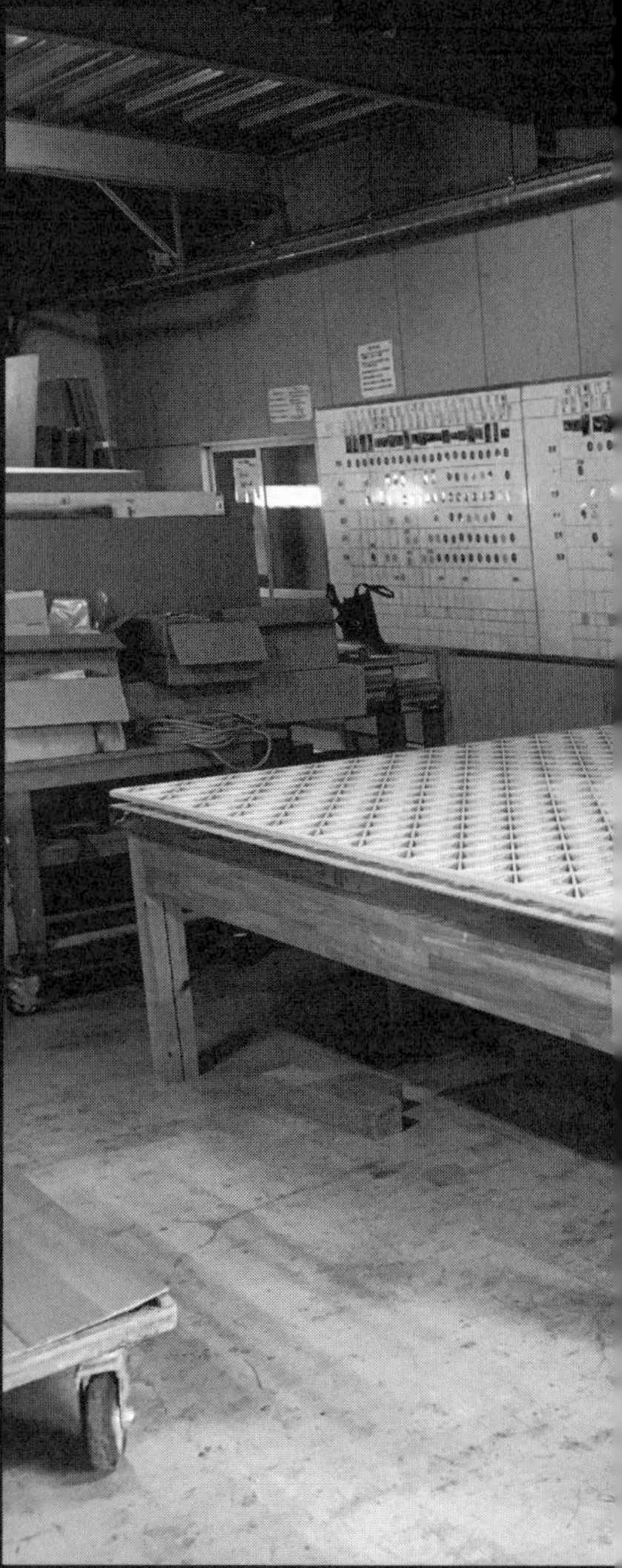

「個」の時代に生き残るために必要なこととは何か

私は、「第4の時代」が訪れていると思っています。

第1の時代とは農業の時代、第2の時代とは工業の時代、第3の時代とはITの時代です。

この第3の時代まで、日本は世界の国々に負けていたと思います。そして、第4の時代とは、「個」の時代です。「個」とは、個人であり、個別・個々であり、個性のことです。

これからの時代には、組織の中で空気を読み、上手く泳いでバランスを取っていくタイプの人よりも、圧倒的な力を持っている個人や、オンリーワンの魅力を持つ個性が、さらに強く輝いていくと思うのです。

例えば、100人の野球少年を集めてきても、イチロー選手一人にはとても敵《かな》わないでしょう。100人の少女を集めてフィギュアスケートを教えても、浅田真央さん一人には勝てません。一流の選手というのはそういうものです。

だから、会社で言えば、大企業であるとか零細企業であるといったこととは関係なく、それぞれの会社が「個」としてどれだけの実力を持っているかが重要になります。

また、企業においては、社員の一人ひとりが強くなっていかなければいけません。

総合力で一番にならなくてもいいのです。ごくごく狭い範囲のことでいいから、何か一つのことでは誰にも負けないほどの力を身に付けることが大事です。

肩書を失っても同じ仕事で同じ代金を払ってもらえるか考える

そういう意味では、私も、見習いで入ったときから、早く一人前に稼げる人間になりたいと強く思っていました。何しろ最初の2年間は、親方から「おまえは銭にならんから」と言われて本当にお給料をもらえなかったのですから。

当時、兄弟子は日当５００円をもらっていましたから、その価値は私の５００倍。いや、元が０円ですから５００倍ではないのですが、今思えば、だからこそ自分の今の実力を思い知らされましたし、兄弟子たちのことも立てることができたし、早く稼げる人間になろうと努力できたと思います。

その点、今の大学生は、時代が違うとはいえ、恵まれすぎているかもしれません。

少なくとも、コロナ禍の前までは、人手不足のため、ものすごい売り手市場でした。「自分の価値が上がった」と勘違いをし、「どの会社は嫌だ」とか「初任給が低い」などと不満を並べていた人もたくさんいたでしょう。また、一流企業に入ったことで自分も一流だと思った人もいるでしょう。

しかし、企業は、新入社員に大きな価値を認めているわけではありません。過去の実績などないのですから、あくまでも将来の成長と潜在的な能力に期待して先行投資しているだけなのです。

大事なのは、その後です。長い人生の中では、「個」としての実力を付ける努力をし続けるかどうかで、勝負が決まります。

わかりやすい例を出せば、今すぐ会社を辞めたとして、お客さまがその仕事の代金を自分個人に払ってくれるか、あるいは、自分の年俸分をちゃんと稼ぐことができるか、ということを常に考えて努力することが大事なのです。

一番早く出社する人と最後まで残っている人は「一味違う」

私は、まえがきや第1章で、常に「一番」と「最初」を意識しよう。二番目のことは誰も覚えていない、誰もやっていないことをすれば必ず一番になれる、といったことを記しました。事実、佐田建美はそれを会社の方針として実行し続けています。

それは個人でも同じことです。今の自分にできることの中から、「一番になれること」を探せばいいのです。

例えば、佐田建美の社員の中で、毎朝一番に出社してくる人がいました（残念でしたが、定年退職された後、２０１９年に病気で亡くなった澤本さんです。素晴らしい方で、今も感謝しています）。

その行動を見ていると、早く来て仕事の準備をしているだけではなく、冬などには道路の雪かきもしてくれているのです。当社の前には勾配《こうばい》のきつい坂道があるのですが、雪が降ると年に一、二回、クルマが坂を登れなくなってしまうことがあるのです。

また、夏には、長く伸びすぎて邪魔になった柳の木を黙って切ってくれていました。朝一番に来るから、彼はそういうことに気づきますが、二番目、三番目に出社した人はわからない。もう片付いているからです。

一方、最後に帰る人は、他の社員が夜まで打ち合わせしていても、「ほな、鍵を閉めますから先に出てください」と言って、皆を先に帰しています。

そうすると、一番に来る人や最後に帰る人は、電気の消し忘れや鍵の掛け忘れ、あるいは、何らかのトラブルに自分が対処することになります。その行動から見れば、他の人よりも責任感が強いということになるわけです。

もちろん、それぞれ事情があるので、皆に同じことをしろとは言いません。ここでは、「自分にできることで一番になろう」という話をしているのであって、一番に来たり、最後まで残っているのが必ずしも素晴らしいということではありません。

ただ、社長として言えば、そこまで責任感を持ってやってくれているのがわかれば、他の社員への良い影響もあるわけですから、それなりの処遇を考える、ということです。

また、一般論としていえば、そこまで仕事に熱心であり、強い責任感があれば、その社員はどんどん成長していくことでしょう。ちなみに、当社で最後に帰っていた奥宗明《おくたかあき》君は現在、専務取締役に就いています。

できることで一番になるとよいのは、学生さんもそうです。勉強やスポーツで一番を獲るのは難しいけれど、掃除であったり、笑顔であったり、あいさつであったり、と身の回りには意識したら一番になれることはたくさんあります。ぜひ、それを心がけていただきたいと思います。

「一流」はめざすな。「超一流」だけをめざせ

「一流」よりも「超一流」をめざしたほうがいい――。私がそう思うのは、その意識の違いが、将来においてものすごく大きな差になっていくからです。

もちろん、一流になるのだって大変なことですが、一流と超一流は全く違います。業績の違いというよりも、その意識のレベルが大きく違うのです。

以前、何かで聞いたことがあるのですが、イチロー選手は、バッティングのときに、「そのままバットを振ったら凡打になるとわかったボールを『わざと空振りする』技術」を磨いていたといいます。そもそもの発想が違います。

また、あるとき、スポーツ番組を見ていたら、アメリカでも活躍した有名な日本人投手に対して、イチロー選手が、「おまえ、深いところで野球をなめているだろう?」と尋ねている場面がありました。

イチロー選手は、自分の技術を高めようとする意識や、自分を律するレベルが、その他

の選手とは全く違うということなのでしょう。なにせダメ出しをされているほうだって、超一流の選手なのですから。

才能だけで言えば、イチロー選手と同じくらい、もしかすると、もっと上の選手もいたと思いますが、実績に大きな差が生まれたのは、真剣にめざしている場所（レベル）がイチロー選手とは違ったからだと思います。

ですから、イチロー選手になれるかどうかはさておき、若い人には、どうせ努力するならば高い志を持ってもらいたいし、一流をめざすよりも超一流をめざして目の前の仕事に取り組んでいってほしいと思っています。

付き合う人、環境を変えると、自分の意識も変わる

今の話を補足しておけば、超一流をめざすというのは、私たち凡人からすると、やはり他人事のように感じるかもしれません。

それならば、自ら環境を変えていくという方法もあります。自分のいる場所を変えてみると、自然と付き合う人間が変わっていくからです。

この本で名前を出させていただいた方々は、それぞれ一流の人々とのつながりがたくさんあるはずですが、それは専門分野が違っても、価値観やメンタリティが同じなので付き合っていて心地よいからでしょう。

理想的なのは、自分の意識や実力を高めることで、そのときの自分に合った人たちとの付き合いが生まれることです。そうすれば、さらに意識が高くなり、もっと成長することができます。

とはいえ、なかなか難しいところもありますので、そのために、付き合う人や身の回りの環境を自分から意識して変えてみるのも一つの方法なのです。

例えば、古い友だちは大事ですし、一緒にいて心地よいと思いますが、しかし、いつも同じメンバーで遊んでいても成長がありません。

仕事以外のことを学び始めたり、趣味を増やしたり、あるいは、引っ越しをするなどして、新しい出会いをつくっていくことが大事です。

「卵が先か、鶏《にわとり》が先か」みたいな話ですが、いずれにせよ、自分で自分の殻の大きさを決めてしまうのはもったいないと思います。

目の前が真っ白になったとき、どうやって対処すべきか

忘れもしません。１９７５年の創業以来、佐田建美の最大のピンチは、１９９９年から２０００年にかけての1年間にありました。

岡山県ではトップといわれた建設会社が倒産して、当時３５００万円くらいの受取手形が不渡りになったのです。

その連絡を受けたのは、たしか8月10日のこと。まず１００万円が不渡りになり、翌月からも毎月１０００万円ずつが不渡りになる計算でした。

当時年間の売上が3億円の会社で、そんな状況になったら毎月のキャッシュが回らなくなり、まさしく死活問題です。もうびっくりして広島県福山市にある建設会社の本社までクルマを飛ばしました。

本社に着き、会社と掛け合おうとしたのですが、入口の周りには既にサングラスをかけた反社会的勢力風の人たちがうろうろしていて、とても中に入れるような状況ではありません。

泣く泣く諦めて帰路についたところで、第二の不幸に見舞われました。

山陽自動車道の倉敷付近を走っているときに、突然、目の奥でバチン！　という音がして、視界が真っ白になってしまったのです。

「………‼」

高速道路を走行中に、前が全く見えなくなれば、パニックにもなります。そんな中で、頭に浮かんだのが、元レーシングドライバーの黒澤元治《くろさわもとはる》さんからサーキット走行の講習会で教わった、「運転中に重大なトラブルが起きたら、まっすぐハンドルを維持したまま止まる努力をするのが最善の方法だ」という言葉でした。

ヘンにハンドルを切って体勢を崩し、何かにぶつかって（あるいは、ぶつけられて）車体の側面から強い衝撃を受けるよりも、身体を保護しながら正面からぶつかるほうが、ダメージが少ない——ということだと思います。

私は、とにもかくにもハンドルを固定してブレーキをかけ、高速道路の真ん中でクルマを止めました。どのくらいの時間が経ったのかわかりませんが、ぼんやりと目の前が見え出したときに我に返り、車を発進させたのですが、後から思うと、右からも左からも他の自動車が追い抜いていく状態でよく無事に済んだと思います。

そこから何とか家まで帰り着き、今度は妻に運転してもらって近くの眼科に駆け込みました。医師の診断では、「人間は極度のパニック状態になったときに、目の周りにある水のようなものが破裂してそうなることがある」という話でした。

泣き面に蜂とはこのことだと思いました。

医師からは、「しばらく安静にしているぐらいしか治療法がない」。そこで、3、4日ほど寝ていたらだんだん視力も回復してきてホッとしたのですが、会社に関しては先のことがまるで見えない五里霧中の状態であることには変わりません。その年の12月までは、毎日毎日「どうしようか？　どうやろうか？」と思い悩む日々でした。

ピンチは「ピンチ」であって「チャンス」ではない

霧が晴れてきたのは、何とか連鎖倒産は免《まぬが》れて年を越した翌春のことです。私は、それまで毎年お遍路《へんろ》さん（小豆島《しょうどしま》八十八カ所めぐり）をしていたのですが、その年だけ止めるのも何か嫌だったので、出かけることにしました。

小豆島の恵門《えもん》ノ瀧《のたき》という行場に立ち寄った際、そこのお坊さんからこんなふうに声をかけられました。

「何か悩みがあるようですね……外へ出て空を見てごらんなさい。そして、また下を見てごらんなさい」

そう言われたことが妙に心に残って、山を下りながら、その意味を考えてみたのです。青空を見る。足元を見る。そして、ふと空を見たときに、「あっ、そうか！」とわかりました。

物を見るとき、人はそのときにトラブルのあったほうを中心に見てしまうので、「谷底」のことばかり考えてしまいます。今、自分はまだ地上にいて、谷底に落ちているわけでもないのに、です。

一方、顔を上げて空を見ると、自分がどういう状況であれ、空はいつもと変わりません。でも、下を見ると、足が震えるような、おびえるような状態になってしまう――。

私は、空と谷底という全く別々のものを一緒に考え、抱え込み、絶望しかけていました。空は空。谷底は谷底です。問題は、別々に切り離して考えなければいけない。

そう気づいてから、私は、中小企業金融公庫に出向き、その前年に計画していた工場建設を積極的に進めることにしました。

完全に会社が終わってしまうのではないか？　と覚悟するほどのピンチではありましたが、仕事自体が減ったわけではありません。注文はいただけているのです。

そこで、「ここはものの見方を変えて、むしろ将来のために攻めに出るべきだ」と考えることにしました。

よく「ピンチはチャンスだ」と言われますが、実際はそんなに簡単なことではありません。私は、ピンチはピンチだと思います。ピンチがチャンスであるわけがない。

ピンチはピンチとして認める。受け入れて真摯に問題と向き合う。そのうえで、問題を切り離して、悩んでもどうにもならないことは悩まずに、自分にできることには全力で対処する――。

そこまでやったときに初めて、「ピンチはチャンス」と言えると思います。

ちなみに、私は当時の教訓を忘れないために、そのときの不渡り手形を大きな額に入れて、事務所のよく目立つ場所に飾っています。

あるとき、その額を見て不思議に思った人がいたので事情を話したところ、「徳川家康と同じですね」と教えてくれました。徳川家康も三方ヶ原の戦いで武田信玄に負け、敗走しながら馬上で脱糞するほどの恐怖を味わったことがあるそうです。彼は、そのときの情けない姿を肖像画として描かせ、終生傍らに置いて自分への戒めにしていたと聞いて、親近感を覚えたものです。

家康と私は全然違いますが、いつの世も、人間の考えることは似ているな、と思います。

岡山の会社に国内外から入社志望者が集まる理由

佐田建美の発表する製品や経営理念をテレビで知ってのことか、最近では、全国からユニークな入社希望が届くようになりました。

応募者のバックグラウンドはさまざまで、ドイツに海外留学してそのまま現地企業で働いていた人や、外資系の会社に勤める人、国立大学の大学生、芸術系大学の学生など、優秀で個性的な方々が、わざわざ地方の小さな建具・家具メーカーを訪ねて来られるのです。

逆に、一般の学生さんは、募集をしていてもそれほど来ません（笑）。なぜでしょうね。

おそらく、うちで働きたいと思うような人は、自分の進むべき道の決まった人、木製品に可能性を感じている人、他人と同じことをやりたくない人、世界に発信していきたい人、伝統的技術と革新的な発想の両方を身に付けたいと思っている人たちなのだと思います。

もちろん、私が歓迎するのは、そういう人たちです。「どこでもいいけれど、働くなら給料や休みの多いところがいい」という人は、むしろ希望に添えないかもしれません。

と言うと、昔ながらの厳しい職人修業を思い浮かべる人もいるかもしれませんが、私はそんなものは必要ないと考えています。

実際、佐田建美では、プロジェクトリーダーは若手社員が務めることになっていますし、真庭組子細工などの高度な伝統技術も、「〇年修業しなければやらせない」あるいは、「できないだろう」と考えることもありません。やる気とセンスがある人には、若くてもどんどん難しい技術にチャレンジさせます。

学校、専門学科、経験、年齢、性別など一切問いませんし、入るのに身に付けておかなければならない技術もありません。だから、他の木工所から、（おそらくですが）「若い女性だから」という理由で採用を断られた人が、うちの採用面接を受けに来ることもあります。

やる気があり、常識や「その当たり前」を疑うことができる人ならば、佐田建美で働くことは大きなチャンスだと思います。そこに気づかれた方は、ぜひ面接にいらしてください。今風の言い方をすると「ダイバーシティ」ですが、多種多様な人材の応募をお待ちしています。

良い人材を見分けるポイントは「技術力」より「演技力」

ところで、採用面接のときに応募者の皆さんが必ずアピールされるのが、「自分は手先が器用だ」ということです。

建具・家具メーカーに就職しようというのですから当たり前かもしれませんが、しかし、それはどうでもいいのです。「その当たり前」はつまらない。

むしろ、私が入社して欲しい人材は、「演技のできる人」です（笑）。

例えば、私が好きな俳優に小林稔侍《ねんじ》さんという方がいます。

彼は、奥さんに逃げられた情けない中年の役もできるし、渋くて格好のいい刑事の役もできる。時代劇での侍の役も似合っています。要するに、場面に合わせて何役も演じ分けることができるわけです。

私は、建具職人という技術職ではあっても、小林稔侍さんのような「演技力」も必要だと思っています。

「職人は技術があればいい」とか、「寡黙《かもく》で人見知りでも仕方ない」という世間のイメージは間違いです。どんな人、どんな場面でも上手くやれたほうがいいし、人から好かれたり、年長者から目をかけてもらえることはとても大事です。

仕事の評価というのは、「作った物の素晴らしさ」だけではありません。「人」も大事です。その人との相性や、人間的な魅力も評価の対象になるのです。

だから、自分の個性というのは、一本太い柱があっていいけれど、いつでもそれを押し通していると、結局周りから煙《けむ》たがられることになります。

やはり、その場面や相手に合わせて、いろいろな顔をいい意味で使い分けることができたほうがいい。「この時間、この場面はこうふるまおうとスイッチをオンオフできるのが大人だ」という言い方もできます。

例えば、営業マンが営業マンらしくふるまう、リーダーがリーダーらしくふるまう、新人が新人らしくふるまう——といった自分の役割をきちんと演じることです。

そして、引き出しの多さもそうです。

社交的にもふるまえるし、寡黙にもなれる。野宿やキャンプも楽しめるし、超一流ホテルの使い方も知っている。お年寄りの相手もできるし、大勢の子供たちと遊ぶこともできる。生真面目なくらいに一生懸命に仕事もするが、遊ぶときは楽しく遊べる——。

そんなふうに場面によって自分を演じ分けられるようになってほしいし、そのためには、仕事以外にも得意なこと、大好きな趣味があったほうがいいでしょう。

そうしたことが、チャンスの多さ、仕事の幅広さ、考えの深さになっていきます。

何よりも、そのほうが、自分の人生が楽しく豊かになるでしょう。

面接の場でアピールすべきは「優秀さ」より自分の「特技」

私自身、絵を描くのは子供の頃から得意ですし、プロの歌手を真剣にめざしていたほど歌が好きです。また、クルマやオートバイには目がありません。週末にはオートバイで旅に出かけ、自分の目で「本物」や「現場」を見てきました。最近では地元の仲間と「フィンランドサウナ・ライダーズ」というグループでツーリングをしています。

そうやって多くの人との出会いを楽しみ、縁を大事にしてきたつもりですし、これまでの経験は全て仕事に生きていると思っています。

思えば、「木製スーパーカー真庭」の開発は、私のクルマ好きが発想のベースにありました。また、新装したThe Okura TOKYOへ組子細工を納品するという、歴史的な仕事

ライダー仲間たちとは、ツーリング以外にもいろいろなことを楽しんでいる。

をすることができたのも、そもそも35年近く前に出かけたツーリングでの出会いがはじまりでした。

だから、私は、採用面接のときには、「手先の器用さ」をアピールするよりも、別のことをアピールしてほしいのです。例えば、

「私は歌が上手いんです」

「よしわかった、ちょっと歌ってみてよ」

と、こんなやり取りになったときに即興で楽しく歌える人――。

それが一番欲しい人です。

一芸に秀でた人は仕事を覚える資質もある

それに、何か一芸に秀でた人というのは、意外と他の趣味も玄人《くろうと》はだしだったりすることが多いのです。

芸能人にもそういう「天は二物を与えた」と言われるような人がいます。例えば、俳優の石坂浩二さんや歌手の八代亜紀さんはプロレベルの絵を描きますし、真庭出身の歌手・岸田敏志さんは陶芸も書も超一流です。

何か一つのことを極めるには、大変な努力が必要ですから、彼らは他に興味のあることができたときに同じように集中して、努力することができるのでしょう。また、芸術方面のことで言えば、人を感動させるには自分にも高い感性が必要です。セリフや詩の本質を理解する力や、それを表現する力が備わっている人は、他の分野のことも自然にできるのかもしれません。

いずれにせよ、本当の自分とは別の面を見せるということでしょうから、「演じ分ける力」は、仕事でも何にでも通用すると私は考えているのです。

「コネ」は悪ではない。その人の特別な能力の一つ

採用に関してもう一つだけ付け加えておけば、何年か前、ある出版社が応募条件として、著者や社員からの紹介文があることを挙げて話題になりました。縁故採用なのではな

いかとの批判的な声もありましたが、採用コストの削減と本気で入社を希望する学生を見極めることを目的とするものだったといわれています。

経営者の立場としては、私はコネ入社は大歓迎です。どんどんいらしてください（笑）。

採用する側になって考えてみましょう。

先ほども書いたように、新卒の応募者ならまだ学生さんですから実績がありません。どんな人柄でどんな能力があるのかもよくわかりませんし、短い面接だけでそれを見抜けるとも思いません。

しかし、信頼できる人のお墨付きがあれば、そのあたりのことは概ねクリアしていますし、身元がきちんとしているのも会社としては安心材料です。

また、全て「親に丸投げ」のコネの場合はちょっと違うかもしれませんが、どういう人と親交があり（可愛がられ）、どんな人の推薦状をもらってこられるかというのは、それもその人の大事な能力といえます。

人柄、能力で条件をクリアしているうえに、有力者と人脈（をつくる力）もあるのだから、営業などで力を発揮することも期待できるのです。

もっと言えば、若いうちから「自分だけの力で……」と思っている人は、社会に出るとそれほど上手くいかないと思います。仕事や人生は、テキストを暗記すれば100点を取れる学校の勉強とは違います。「コネなんてずるい」と短絡的に怒る人は、まだまだ物を見る角度が足りません。

社会に出たら「コネを使おうが、演じようが、とにかく成功するための方法を考え抜く」という柔軟さと覚悟が必要なのです。

ただし、友人関係に強引に仕事を持ち込んだり、常に相手を利用しようと考えて動いている人は嫌われて、結果的に失敗してしまうでしょう。

そこはくれぐれも勘違いしないようにしてください。

10年かかる「組子細工」を入社2年の社員が会得《えとく》できた理由

佐田建美の本社ショールームには、第1章で触れたフェラーリの跳ね馬をモチーフにした「真庭組子」が置かれています。額に入った作品は、縦1・5m×横1mほど。伝統的で難易度の高い組子細工と、現代風のデザインが融合した意欲作（非売品）です。

実は、この作品を創ったのは、入社2年の女性社員なのです。

第3章でも書いたように、日本伝統の組子細工はとても難しい技術が必要で、一般的には10年の修業が必要だとされています。

では、なぜ彼女はできたのか。

その理由は三つあると思います。

一つ目は、そのことだけに集中して修業させたから。

二つ目は、彼女にやる気とセンスがあったから。

三つ目は、私たちが、長年修業しないとできない（やらせない）という思い込みを捨てたからです。

この話のきっかけは、２０１７年6月に石川県金沢市で開催された、全国建具展示会会場での会話でした。

当社では、全国建具展示会には全社員を連れて参加することにしています。他社の製品を勉強してもらうためですが、いわゆる慰安旅行も兼ねているので、鹿児島であろうが北海道であろうが全員を連れて行くのです。

その石川大会で、たまたま私が会場を見回っていたときに、4月に入ったばかり社員の姿が目に入りました。短大でデザインの勉強をしていた女性です。

そこで、彼女を呼びとめ、「内閣総理大臣賞」受賞作品を指して、「これどう思う？　すごいじゃろ？」と尋ねてみたのです。言ってみれば、その年の日本一の作品です。

すると、彼女は、「わあ！」と驚いた後に、「かわいい！」と言ったのです。目から鱗《うろこ》でした。

普通の職人は、「すごい。この技はなかなか真似ができない」と感心し、畏敬の念を持つのですが、彼女はかわいいと言った。

私はそのことにびっくりしていたのですが、会社に戻ってくると、その子はさらに、「社長、私もあんなのがやってみたいです」と言ったのです。

これを何かにたとえるなら、ドライビングスクールで仮免の試験を受けているような子が、「F３０００のフォーミュラカーでサーキットを走りたい」と言っているような、とんでもない話です。

常識だけで考えていたら、彼女の成長はここまで早くなかったはず。一つの経験から多くのことを学んでくれた。

「ちょっと待て。ものには段階というものがあるぞ」

私も一旦はそう言ったのですが、本人の意思を確認して、「いや、もしかしたらできるかもしれないな」と考え直しました。

それですぐに工場長を呼んだのです。

「あの子には私が仕事を教えるから、彼女には用事を言いつけないでくれるか」

「どうするんですか？」

「これから組子をやらせようと思う」

「社長、止《や》めたほうがいい。そんなことできるわけがない」

「普通に考えればそうかもしれないが、それだけに特化してやらせて本人が本気なら、もしかしたらできるんじゃないか」

職人の修業には、初期にはこれをやって、それができるようになったら次はこれで……という順番があります。基礎を学びながら、木工職人として一通りのことができるようにしていきます。

例えば、英語を覚えるにしても、まずはアルファベットから始めて、英語に慣れた後に、次は簡単な文法から始めていきます。そうやって、徐々にレベルの高い読み書きができるようになっていく。

しかし、よく考えれば、アメリカで生まれた赤ちゃんは、中学生で習うような文法など関係なく、いきなり英語をしゃべるわけです。親の海外赴任についていった小さな子供は、現地の学校に放り込まれたら自然に英語をマスターしてしまう。

ならば、組子細工でも、本人に高い意識があれば、いきなり始めても何とかなるのではないかと思ったのです。しかも、彼女は、短大でデザインを学んでいて、美術的なセンスはあります。また、仕事としては、他のことが半人前でも「組子細工さえ高いレベルでできるようになればそれでいい」と本人が強く思っているわけですから、やらせてみない手はありません。そこで私は、自分が大好きなフェラーリのエンブレムを彼女に組子で作らせることにしました。

この日本にしかない組子技術のフェラーリの跳ね馬の真庭組子は、フェラーリジャパンの社長にも見ていただくことができ、大変絶賛していただきました。

若い人には「教える」よりも「チャンス」を与える

結論を言えば、それから2年経って、彼女はかなりのレベルにまで到達しています。今までは誰もそんなことをやらせなかったのでわからなかったのですが、高度な技術が必要な組子細工であっても、センスと熱意があれば2年でそのレベルに行けるのです。

もちろん、誰もができるわけではなく、その人だからできたという面もありますが、「無理、無理、絶対に無理」と言ってやらせなかったのは、自分たち業界の人間も、思い込みに囚われていたということなのです。

私がこの一件から学んだのは、「若い人には、教えるよりもチャンスを与えるほうがいい」ということでした。松下幸之助さんの言葉ではありませんが、「やってみなはれ」です。社員が本気でやりたいと思うことにはできるだけ挑戦させてあげると、そこでまた何か良い答えが出てくるのかなと思っています。

だから、何度も書きますが、やる気のある人は、うちにくればチャンスですよ。

会社に入ったら、卒業した学校や学科や専門などは全く関係ありません。昔のように苦労を強要することが目的になってしまっているような無駄な修業は徹底して省《はぶ》く。「これをやりたい！」というものを早く見つけてもらって、なるべく最短距離で自分の目標に近づいてもらいます。

もっとも、私自身は、ものすごく時間のかかる、厳しい修業を経験してよかったと思っています。自分が経験したからこそ、若い人が何かするときに無駄な部分に気づき、省いてあげることができるからです。

その無駄な時間を使わずに、どんどん伸びてくれたら私以上の職人（技術者）が早く、たくさん育つでしょう。全てのことが高いレベルでできなくていい。個として、やりたい専門領域のプロフェッショナルが、佐田建美から一人でも多く生まれて欲しいと思います。

教えようとしても教えられない「暗黙知《あんもくち》」

「教えない。チャンスを与える」に関連していえば、私は、若い人に教えられることがある一方で、教えようとしても教えられないことがあると思っています。

教えられることは、最低限の基本。標準知です。逆に、教えられないのは、自分で考え、体験し、試行錯誤しなければ身に付かない「暗黙知」の部分です。

あるとき、東京の路上でこんなことがありました。

タクシーに乗ろうとして周囲を見渡していたら、ちょうど反対車線を走ってきたタクシーの運転手が窓を開け、手でクルッと輪を書いて、「回ってそこに行きますから！」とジェスチャーで知らせてきたのです。

目が合ったときに相手がニコッとしたので、つい頭を下げたそのタイミングで、こちらの車線を2台のタクシーが走ってきました。すぐに乗れば早く出発できますが、私は先ほどの運転手に会釈をしてしまっています。人間はそんな「約束」でもしてしまうと裏切れないもので、結局、私は、わざわざ反対車線から回り込んでくるタクシーを待つことになりました。

乗車した後に、「運転手さん、あなた会社で成績がいいんじゃないですか？」と尋ねたら、そのドライバーはこんな話をしてくれたのです。

「わかりますか？」

「いや、クルッと手を回して合図してきた、あの瞬間的な行動は凄いよ」

「ありがとうございます。実は私は売上がナンバーワンなんです」

「そうでしょうね」

「みんなには『どうしたら一番になれますか？』と聞かれるんですが、全部は教えることができないんですよ」

「どうしてですか？」

「例えば、この駅なら何時何分にどういう電車が着く、とか、今日は何時からこのホテルでイベントがある、とか、事前調査をすることで、ある程度は売上を伸ばせます。しかし、今、私がやったような行動は、人に教えたら事故を起こします」

「そりゃそうでしょうね」

「さきほどのことも、もしお客さまがこちらに気づいてなかったら軽くクラクションを鳴らしましたが、でも、『そういうときはクラクションを鳴らせ』とマニュアルで教えたら、煽《あお》りか！　とトラブルの種になるでしょう。そんな危ない運転は教えられないです」

たしかにそうだろうなと思いました。私の仕事でも同様のことはたくさんあります。自分でたくさんやってみて、失敗して、もっと上手くやる別のやり方はないかと考えた末に、初めて身に付けることのできるノウハウが――。

以前、本で読んだのですが、知識やノウハウを氷山にたとえたときに、海面に隠れている大きな氷の塊が暗黙知だそうです。ただし、そこまで新人に教えようとすると、失敗します。タクシーで言えば、無理な運転をして事故を起こすわけです。

「暗黙知」を身に付けるための唯一の方法

その暗黙知を自分で身に付けるためには、次のことを心がけてみてください。

一つは、「本物」をたくさん見ること。「超一流」と接することです。

既に書いたように、私は全国をオートバイで旅していましたし、橋本保雄さんや、長沢純さん（後述）のような超一流の方と親しいお付き合いをさせていただきました。そこからは言葉にできない学びがありました。

その他にも、私が心がけていたのは、非常に高級なものと、驚くほど低価格なものの両方を体験し、いつも比較してみることでした。

例えば、東京で2泊以上するときには、初日には一番安い宿を見つけ出してそこに泊まります。「なぜこれほど安価で、これだけのサービスが実現できるのか？」と疑問の解答を見つけるために、自分で試してみるのです。

そこの女将さんなどと話しているうちに、「明日はどうされるのですか？」という話題になることがあり、そんなときは、「明日はホテルオークラに泊まります」と答えるのですが、「そんな人がなんでうちに？」とびっくりされますよ（笑）。

しかし、いつも良いホテルにばかり泊まっていたら、安くて良いサービスの秘密がわかりません。高級ホテルの素晴らしさも、それが当たり前になって、その良さがわからなくなるかもしれません。だから、両極端の価格の宿を試してみるのです。

さらに言えば、いつも中途半端な価格帯の宿に泊まっているのが、一番良くありません。高級ホテルと安宿のどちらの素晴らしさも理解できないのですから、暗黙知が育つのは難しいでしょう。

同じように、私がスズキの「フロンテ」から始まって、「サニークーペ」「フェアレディZ」「NSX」「フェラーリ」「ランボルギーニ」「ロールスロイス」などの高級車に乗ってきたのは、欲しいものが買えるようになったこともありますが、一番のもの、最高のクルマの良さ——例えば、性能、デザインのセンス、高級感、サービス、ブランド戦略などを身をもって体験するためでもあります。

サーキットにおいて、これらのクルマで時速200km以上を出したときよりも、軽自動車で時速100km以上を出すほうがはるかに不安定で危険だということは、両方を経験しないとわからないことです。

そして、最後にもう一つ。

暗黙知を身に付けるための良い方法は、常識を疑い、常に「もっと良いやり方はないか?」と考えるクセを付けることです。物事に対して常に「?《ハテナ》」というクエスチョンマークを向け、自分だけのノウハウや知恵を貯めていくのです。

つまり、本書で何度も書いている「その当たり前」を疑うということです。

夢を叶えたければ細部まで具体的にイメージする

私が若い人によく言うのは、「夢を叶えたければ細部まで具体的にイメージするといい」ということです。

あるとき若い人が「車が欲しいんです」と言ったので、「メーカーは?」と聞いたら、「トヨタか日産」と言います。

「色は?」

「白か黒か青か……」

「年式は?」

「できれば新しいほうがいいですけど……」

ここまで話して、私は、この人がすぐにクルマを手に入れるのは無理だろうなと思いました。イメージがあいまいすぎるのです。

逆に、こんなふうに明確に答えた人もいました。

「車が欲しいんです。今は買えませんけど、日産GTRで、5年落ちぐらいの安くなっているのでいいんです。色は白です」

その後、私の友だちがクルマを売りたいと話しているのを聞いて、「あれ?　どっかで聞いたな」と思って私が話をつないであげたことで、彼は棚から牡丹餅《ぼたもち》のように目標を達成しました。

ここで私が言いたいのは、「目標はそこまで具体的になっていて、初めてチャンスが回ってくる」ということです。私自身のことを思い出してみても、オートバイやクルマのことは、まだお金がなくて買えない時代から、専門誌を読んで欲しいものをイメージしていました。だから、たくさん買うことができたと思っています。

逆に、金額的にごく小さな船なら買って買えないことはなかったと思いますが、飛行機や船の雑誌は買った覚えがないくらいなので、そういう話もチャンスもまったくありませんでした。実現の可能性が高かろうと低かろうと、そんなことには関係なく、人間は頭に思い浮かべていないものは、手に入らないのでしょう。私は、どんな船があって、いくらぐらいして、どんな免許があれば乗れるのかさえ、知らないのですから。

逆にいうと、人間は自分の頭に浮かぶことしか実現できないのです。

例えば、大相撲の初代若乃花は、「どうしたら横綱になれますか?」と聞かれて、「どんな土俵入りをするかのイメージが思い浮かばない人は、横綱には絶対になれない」と答えたそうです。

それと同じことです。もし、将来、本気で何かをしたい(何かになりたい)と考えていたら、頭の中で自然とそのための準備を始めます。具体的な準備でないと困るのは自分なので、自分に足りないものが何かを常に意識しますし、それを克服するための努力はどんどん具体的になるからです。

「心が貧乏」な相手とは距離をおく

よく「友だちは選べ」と言われますが、私は、以前、ある人からこう言われたことがあります。

「佐田君、気をつけないといけないことがある。貧乏な人と付き合ったらダメだぞ」

びっくりして、どういうことか尋ねたら、「お金ではなく、心が貧しい人と付き合ったらダメだという意味だ」というのです。

なるほどなあと思って妙に心に残っているのですが、心が貧乏というのは、例えば、次のようなことです。

・すぐに委縮する
・悲観的になる
・自分でやらないで批判ばかりする
・チャレンジしない
・とりあえず否定や反対をする

・必要なことにもお金を使わない

お金というのは、天下の回り物です。誰でも、時によって、あったり、なかったりしますし、若い人なら、ないことのほうが多いでしょう。しかし、精神的に貧しいと、そこから豊かになるのは難しいので、心の貧乏にだけは気をつけなければいけません。

また、いくらお金があっても、心がそうなってしまうと、上手くいくものもいかなくなる。心が貧しい人と付き合うと、どうしても自分の気持ちも落ち込んでいきます。精神的に足を引っ張られてチャレンジできなくなる。運も落ちるような気がします。

だから、心が貧しい人には、初めから近寄らないほうがいいのです。

反対に、良い刺激を受ける人とは積極的にお付き合いしたいものです。

私の友人に、湯浅和男さんという地元消防団での活動を長くされ、勲章まで受けられた方がいます。建設業をしながら日夜問わず行政から依頼されてボランティア活動を行ったり、地元の商工業者を巻き込んで地域のお祭りを開催したりするなど、身近なところから地元に協力されています。

私もそうした方をお手本に、自分で楽しみながらできる町おこしを心がけています。

TATEGU(建具)家(ＹＡ)　真庭

８枚の建具ユニットを組み立てて創る八角形のハウスです。

ジョイント部は建具で使う丁番《ちょうばん》を使用。特別な道具も不要で簡単に組み立てと撤去ができるために、書斎、趣味、移動店舗、ミーティングなど、さまざまな生活シーンで気軽に、自由な発想で使っていただけます。

また、壁には日本建築の武家屋敷・道場などで使用されている「無双窓」を採用していて、窓を自由にスライドさせることで、外から入り込む光や風を調整できます。

素材には、岡山県北真庭産のスギの赤身と、桐タンスなどに古くから用いられる桐材を使用しています。さらに、人にやさしい自然塗料（えごま油）で仕上げ、中には真庭組子を文様として組み込みました。

建具メーカーが提案する「清楚で優雅な自由室内」です。

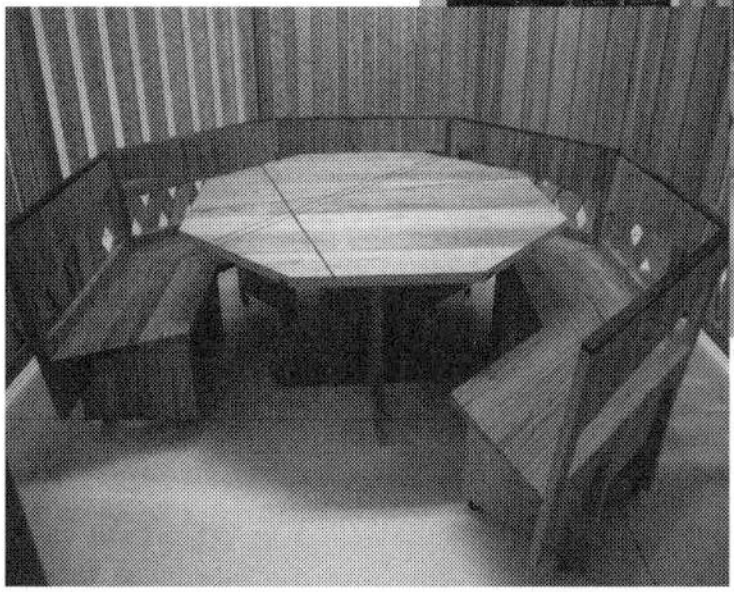

イベントで移動店舗として活用したり、広いスペースで個室のように使ったりできる。

を収納することにより、すっきりと洗練されたデザインに仕上げることができました。

またオフィスでは、社員が集まりコミュニケーションをとることができる場にもなります。仕事の合間にコーヒーを飲みながらほっと一息つける場所としていかがでしょうか。「リビング学習キッチン真庭」は、家族や仲間が「集まる場所」ではなく「集まりたくなる場所」として、新しいコミュニケーションスタイルの中心となることを願って製作した作品です。

天板をスライドさせると中からシンクとIHコンロが出てくる仕組み。

リビング学習キッチン真庭

平成29年全国建具展示会　第4部最高賞・農林水産大臣賞受賞

子供の勉強場所としては、自室よりも、親の目の届くリビングのほうが良いとも言われます。「リビング学習キッチン真庭」は、お子さんのリビング勉強を目の前で見守りながら料理ができるキッチンです。

料理をしないときにはダイニングテーブルに、いざ料理をしようとしたときには3秒でキッチンになります。

木の温もりを残しながら、アクリル板をつなぎ合わせた特殊な仕上材を使うことにより、本体からこぼれるLEDの優しい灯りが安らぎの空間を演出します。また、表面の凹凸をなくしすべての機能

ヨーロッパでのツーリングの途中で、ドイツのシュヴァルツヴァルト（黒い森）を訪れたり、現地の木工職人の技術に触れるなど、ドイツ家具について学びました。

第6章

我以外皆我師

――ドイツ発の家具製作技術に出合う

和と洋——似て非なるものを二本柱として「本物」を追求する

章タイトルにある「我以外皆我師《われいがいみなわがし》」とは、作家の吉川英治さんが『宮本武蔵』の中で使った言葉だそうです。

自分が出会う人には誰であろうと学ぶところがあるという意味だと思いますが、私もそう思いますし、これまでの人生の中でいろいろな方から多くのことを学んできました。

まえがきにも書いたように、佐田建美は、和の伝統技術と、洋の先端技術を併せ持っている会社です。

「和」の領域（建具など）で力を入れているのが「真庭組子」ですが、一方の、「洋」の領域（家具など）を担当し、その中心ブランドとなっているのが、「ケルン32」シリーズです（201ページ参照）。

ドイツ生まれのこのオーダーシステム家具は、一般のユニット家具とは違い、その部屋の「カタチ」や、使う人の生活スタイルに合わせた家具プランを、自由自在に設計できるという長所があります。

では、なぜ建具職人がドイツの家具に取り組むことになったのか。

1990年、橋本保雄さんに誘われて、最初にヨーロッパをオートバイでツーリングしたときのことでした（オートバイはBMWの本社で借りました）。そこでドイツの家具を見たときに、その品質や構造を見てがく然としたのです。日本の家具と全く違う、と。

どう違うかといえば、例えば、金具の造りも違いますが、そもそも歴史からして全く違うのです。

ヨーロッパでは古くから、それこそ古代から家具が使われています。

一方、日本で広く家具が使われ始めたのは明治時代からです。江戸時代まで庶民は家具ではなく、「建具」を使っていました。階段の下のスペースを利用して物を収納したり、「箱」を使っていました。衣類も長持に入れていました。箪笥《たんす》を「ひとさお、ふたさお」と数えるのも、長持に棹《さお》を通して持ち運びしやすくしていたからです。大名行列の場面の絵巻物に殿様が乗っている籠とともに描かれているのを見たことがあるのではないでしょうか。

というわけで、私は、本場ドイツの家具を見て、「日本風・家具」を創っていてはダメだと思いました。

そもそも私は、「〜風」というのが大嫌いなのです。「ヨーロッパ式障子」「ドイツ風……庭園」というのはヘンでしょう？　身体の具合が悪くて病院に行ったのに「医者風」の人が診察したら嫌です。

本来、「〜風」というのは、誉め言葉ではないのですが、日本では、皆が何も考えずに受け入れ、ありがたがっていることさえあります。「手打ち風そば」とか「純和風モダン南仏プロバンス風住宅」といった不思議な言葉が街にあふれているでしょう？

それらが全て悪いと言っているわけではありませんが、私は、家具を創るならば、本場と同じやり方で創らなければいけないと思い、ノウハウから工作機械までドイツのやり方をそのまま持ってくることにこだわりました。

古い物や原点といったことは大切にしていないと、どんどん「〜風」になっていく。本物の名前を名乗るのなら、それはあくまで本物でなければならないと思います。

そうでないならば、「〜風」にする理由をきちんと説明して（価格が安くなって消費者のためになるなど）、正しく納得してもらうべきでしょう。

もっとも、私たちの家具製作のやり方はドイツ流そのままですが、作業をするのは和の技法を身に付けた熟練の職人です。

ドイツのマイスターと「単位」について話したときに、彼らに日本の職人が当たり前に使っていた「厘《りん》（０・３㎜）」「毛《もう》（０・０３㎜）」の説明をしたところ、「信じられない！」と驚いていました。ドイツでは、「㎜」以下は単位がなく、小数点だけの世界になるからです。

そして、佐田建美にはアイデアもあります。

結果的には、ドイツの家具よりも大きく進化したものになっているはずです。

本場ドイツを訪ねたからわかった「本物」の家具の優れた点

また、「ケルン」という名称は、ドイツ西部にある第４の都市「ケルン市」から取りました。ケルン大聖堂やケルン大学があることでも有名な、歴史ある重要な場所です。

このケルン市と縁が生まれたのは、先ほど記しましたが、１９９０年、橋本保雄さんと出向いたヨーロッパでのツーリング中のことでした。途中、ケルンの街を訪ねたときに、歴史の重厚な積み重ねを感じた一方で、東京ビッグサイトのようなイベントホールで、モーターショーやファッションショーが開かれるなど、流行の先端を行く面もあると知りました。

私が大好きなクルマの話をすると、東京モーターショーなどの場合は、割と現実性のあるものが出展される傾向があります。それに対して、ケルンのモーターショーの場合は、実用には程遠い未来カー的なものが発表されている印象がありました。

自分の勝手な思い込みもありますが、「すごく古い街だけれど時代の最先端をめざしている都市」というのが、私の、ケルンに対するイメージです。

そこで、自分がドイツ家具に取り組むことになったときに、そのブランド名にはぜひ「ケルン」という名前を付けようと思ったのです。

また、「32」というのは、ドイツやヨーロッパの家具業界が100年以上使っている「32ミリ」という基本単位のことです。

32という数字は、「32＝2×2×2×2×2」と表すこともできるように、半分ずつ容易に分割できるという利点があります。彼らの良いところは、こうした基準・規格といったものを厳格に守り続けている点です。日本のように、各メーカーが独自の基準を打ち出したり、売れ線のものだけ種類豊富である一方、そうでないものは製造しなかったり、すぐに廃番にすることがありません。

ドイツのように基準・規格を守り続けていれば、どのメーカーの家具であっても基準の寸法が同じなので無理なく交換や付け足しができます。

佐田建美では、こうしたドイツから輸入したノウハウと最先端技術を用いて、和の伝統技術を身に付けた熟練の職人たちが高品質の家具を創っています。

ドイツ家具との出合いと「ケルン32」シリーズの開発は、佐田建美を新しいステージに進化させる大きな原動力になりました。

木材を切り出すところから製品にするところまで全ての工程を見せていただいた。

そもそもは、橋本保雄さんからヨーロッパツーリングへ誘っていただいたことがきっかけになったことを思えば、人の縁を大切にすることや、自分の目で本物を見ること、フットワークを軽くしておくこと、好きなことを突き詰めること——などが、いかに大事かわかると思います。

そして、繰り返しになりますが、「洋風」とか「和風」といったような、適当に両方をミックスしてやっていくのではなく、「本物」とか「本質」、あるいは、昔のしっかりしたことを勉強した上で、それをどう生かすか？　ということに持っていくのが一番だと思っています。そこにまだビジネスのチャンスがあるような気がするのです。

ほんの少しの勇気を出せば楽しい人生の扉が開く

ほんの少しの勇気を出して行動してみることで、豊かで楽しい人生の扉が開ける——という話をしたいと思います。

若い頃に、私がプロの歌手をめざして、テレビのオーディション番組『スター誕生！』や、『素人名人会』『全日本歌謡選手権』に出場していたことは既に書きました。

その当時、『全日本歌謡選手権』の司会者をされていたのが長沢純さんです。年配の方はご存じでしょうが、長沢さんは、1960年代に一世を風靡《ふうび》した音楽グループ「スリー・ファンキーズ」の元リーダーです。まさにアイドルの草分け的存在であり、当時は今のトップアイドルよりも熱狂的なファンがいたそうです。

また、その後はテレビ番組の司会者、会社経営などでも成功され、その広い人脈で、芸能界で大きな影響力を持っていらっしゃいます。一例だけ挙げれば、クリントン元大統領一家とも家族ぐるみの付き合いをされている——といえば、その顔の広さと信用度の高さがわかるでしょう。

その長沢純さんに私が「再会」したのは、私が歌手になる夢を諦めてから15年以上経ってからでした。

岡山空港（現在は岡山桃太郎空港）から東京へ向かうため、搭乗口に向かって歩いていると、ロビーの椅子に見知った顔の男性が座っているのが見えました。「あれっ？　誰だったかな」と一瞬考えて通り過ぎてから、「長沢純さんだ！」とわかりました。

とはいえ、数多くの番組出場者の一人にすぎない私を、司会者の長沢さんが覚えているわけはありません。また、芸能人の中には、プライベートのときに一般人から声をかけられるのを嫌がる人もいます。

そう思うと、この場面で声かけをためらう人のほうが多いでしょう。しかし、そのときの私は、長沢さんにぜひご挨拶したいという純粋な気持ちが勝っていました。

「あの、長沢さんですか？」

「そうですよ。あなたは？」

「私は昔『全日本歌謡選手権』に出たことがあったんです」

「ああ、そうでしたか」

やはり長沢さんが覚えているわけもなく、その場はそれだけのやり取りで終わったのですが、搭乗時間になったので飛行機に乗ったら、なんと後から長沢さんが隣の席に座ってきたのです。

これには本当にびっくりしました。「先ほどは……！」というご挨拶から始まって搭乗中は昔話に花が咲き、声をおかけして良かったと思いました。しかも、嬉しかったのは、長沢さんが、「夜はどうするのですか？　よかったら私の店に来ませんか？」と、東京・広尾にあるお店に誘ってくださったことです。

それを機に親しいお付き合いが始まったのですが、長沢さんは、私のような人間にも気さくに声をかけてくださる素敵な方でした。東京や岡山でよく一緒にお酒を飲ませていただきましたし、長沢さんのご自宅に泊めていただいたこともあります。海外旅行へ誘っていただいたこともありました。

そんな有り難い交流がもう数十年続いています。

あの日の岡山空港で、私は自分の気持ちに素直に、躊躇せずにご挨拶してよかった。もっと言えば、歌手をめざして歌番組に出場していてよかったと思います。

「意思決定のルール」は迷いのない０・２秒の決断

長沢さんから学ばせていただいたことはたくさんありますが、皆さんにも参考になる話として、とても印象に残っているエピソードがあります。

あるとき、私が加入している岡山県の津山市準倫理法人会の記念のイベントに、どなたか講師をお呼びして話をしていただこうということになりました。

役員が６人ほど集まってその話し合いをしていたときに、「佐田さん、誰かご存じないかな？　知名度のある人で……」と振られたので、「スリー・ファンキーズの元リーダーの長沢純さんはどうですか？」と言ったら、「そりゃいい。ぜひ聞いてみてください」となり、夜８時頃でしたが、その場でご本人に電話してみたのです。

「もしもし」

「おお、佐田ちゃん。どうしたの？」

「（こういう理由で）10月に講師でお願いできたら……ということになったんです」

長沢純さん（右）からは、いつもたくさんのことを学ばせていただいている。

そう申し上げたら間髪を容《い》れず、0・2秒ぐらいで、

「いいよ！」

と言ってくださいました。

「えっ！　本当にいいんですか？　16日の木曜日なんですが……」

「いいですよ」

その電話のやり取りを役員の人に話したら、みんなが驚きました。長沢さんは芸能人であり、会社経営者でもあります。普通は、「明日連絡する」とか「マネージャーに確認する」と言われて当然なのに、手帳のスケジュールを見ることもなく即決してくださることなどありえないというのです。

役員のメンバーからは「本当に大丈夫でしょうか」とも言われましたが、約束通り、10月16日に「長沢純トーク&ライブ」は開催されました。

当日、長沢さんに、「なんであんなに簡単に受けてもらえたんですか？」と尋ねると、笑顔でこうおっしゃったのです。

「普段から、『この人は』と思っている人から何か頼まれたときには、即答で、『はい、喜んで！』と言うことに決めているんですよ」

「この人の頼みには即答する」と決めておくことの意味

それをうかがったときにはまだ不思議だったのですが、長沢さんは続けてこう説明してくれました。

「役員会議でそういう話が出たのなら、次に役員が集まれるのは1カ月後とか、早くても1週間後になるでしょう。そうするとせっかく佐田くんが言ってくれたのに、話がまた振り出しに戻ってしまう。君がその場から電話で言ってきてくれたことならば、その場で『いいよ』と言ってあげないと、君が頼んだことにならないでしょう？」

長沢さんの考え方や思いやりというのは本当に深いと思いました。たしかに、頼んだことをその場で躊躇なく受けてもらえると嬉しいものです。

それに比べて、私は日頃からそこまでの用意はできていないと思いました。

何か頼まれたときには手帳を見て、先約があったらそれを優先して「ああ、この日は都合が悪い」とか何とか言っていたように思います。

一度決めた用事であっても、「先約は動かせない」というのは自分の思い込みかもしれません。何がどうあっても変更できない場合もあるでしょうが、双方と話して全力で調整すれば、全員が喜ぶ解決策があるかもしれません。

その反対に、自分にできること（予定の調整）をせず、ただ単に入った予定を書き込んでそのまま動く人は、良いご縁や深い人間関係をつくっていくことは難しいということです。

もっと言えば、人はその相手が絶対にできないことは頼みません。

例えば、小学校6年生の男の子に、「明日、夕方飲みに行くからクルマで駅まで送ってくれ」とは頼まない。頼むということは、「この人ならできる」と相手のことを理解し、かつ信頼しているから頼むわけです。

最初、長沢さんに電話で頼んだときには、「この人は凄い。誰にもできることではない」と思っていましたが、実は、やる気があれば誰でもできることだったのです。

それ以来、私も信頼している人からの頼み事は、よほどおかしな内容でなければ――そもそも信頼している人はおかしな頼み事はしてきませんが――、即答できるように普段からその心づもりをしています。

名刺の渡し方ひとつで良い縁をつくることができる

私は岡山県の技能検定の検定委員をもう20年近く務めています。あるとき、その運営をしている職業能力開発協会の記念講演に、株式会社アオキの青木豊彦さんがいらっしゃったことがありました。

皆さんは2009年に打ち上げに成功した人工衛星「まいど1号」を覚えていますか。東大阪の町工場の皆さんが製作したもので、青木さんはその生みの親です。

青木さんの、笑いあり、感動ありの話はとてもおもしろくて、コンベックス岡山というイベントホールに集まった700人くらいの参加者が皆聞き入っていました。

講演が終わり、長い拍手が鳴りやむと、司会者の女性が、「それでは皆さま方、この後、青木社長のご厚意で名刺交換会をさせていただきます。名刺交換をご希望の方は……」とそこまで言った瞬間に、私はサッと「いの一番」にご本人の前に立たせていただいたのです。

そうしたら、司会者は慌て、また、ご本人も一瞬戸惑ったような顔をしたものの、急いで懐から名刺入れを出し、名刺交換をしてくれました。

他の参加者も急いで私の後ろに何十人も行列をつくります。私は最初に名刺交換を終えると、次の用事があったのですぐに会場を後にしました。

驚いたのは、週が明けた月曜日です。

朝7時半に携帯電話が鳴りました。見知らぬ番号です。

「あの、佐田さんでっか？」

「はい」

「昨日電話しようと思ったんやけど、日曜日だったので、ちょっと遠慮させてもろうたんや」

「どちらさんですか？」

「青木です」

「えっ⁉」

青木さんによれば、まだ他の観客が座っていたのに、私が一人飛び上がって真っ先に並んできたことで驚いたことに加え、私の名刺を見て強く印象に残ったというのです。

「おもろい人やな〜」

「いや、青木さんのほうがよっぽどおもしろいですよ」

「あんたな、いっぺん会いたいなあ」

そう言われてお会いして以来、お互いの会社を訪ねたり、一緒に酒も飲むなどして、今はもう家族ぐるみのようなお付き合いをさせていただいています。

超一流のビジネスマンから学んだ好奇心と行動力

皆さんも、講演会や交流会などで著名人と名刺交換をすることもあるでしょう。

ただ残念なことに、大抵は交換しただけで終わっているようです。普通に名刺交換しているだけなので、相手もいちいち覚えていないのです。

名刺交換したところから「その後」につなげる努力をしている人は、世の中にどれだけいるのでしょうか。少なくとも、あの会場の７００人の中で、青木さんと友人になれたのは、私一人のはずです。

やはり、名刺交換をするなら、何のためにそれをするのか？　普通にただ渡すだけでいいのか？　と、「その当たり前」を疑ったほうがいいと思います。このエピソードでもわかるように、名刺の渡し方を工夫するだけで、良いご縁が生まれるのですから。

とはいえ、私は、何か打算があって青木さんの前に立ったわけではありません。その証拠に、こちらから電話をかけたわけではありません。

私は、純粋に青木さんに興味を持ち、「おもしろい人だな、どうしてもご挨拶がしたい。名刺交換したい」と思ったから行動しただけなのです。

長沢純さんのときと同じです。そこで行動した人だけが、人生の新しい扉を開くチャンスがあるのです。

一方、青木さんはさすがだと思います。

手前味噌ですが、「木製スーパーカー真庭」のことが書いてある私の名刺をご覧になって、青木さんはわざわざ、そして、すぐにお電話をくださいました。講演会の会場で参加者から渡された名刺に自分から電話をする人は、めったにいないはずです。

おそらく、日頃からご自分のアンテナにひっかかったものは、一刻も早く調べるなり、連絡をするなりしていらっしゃるのでしょう。

本書でも繰り返し書いてきた、好奇心、研究熱心さ、行動力、スピード、少しの縁も大切にする価値観などは、青木さんも同じだと思います。今後もお付き合いを通じて、いろいろ勉強をさせていただきたい方です。

妻への深い感謝と、何でも反対する人への対処法

妻とは佐田建美を創業する前年に結婚しました。以来、45年間、山あり谷ありの波乱多き人生でしたが、二人で共に歩んできました。苦しくて心が折れそうなときには、妻の励ましに支えられました。本当に感謝しています。

それだけではありません。こんなことを書くと怒られるかもしれませんが、長い夫婦生活を振り返ってみて良かったと思うことは、私の妻は私の判断に対して反対する場面が多かったのも良かったのです。

というのは、本書をご覧になっておわかりのとおり、私は失敗を恐れず、石橋を叩かずに渡り始めてしまうタイプです。もし、そこで妻まで同じタイプならば、判断が甘く、我が家はとっくに破産していたと思います。

調子に乗っているときには、自分のことがよく見えません。他人は、ある意味、無責任

妻ともツーリングやドライブを楽しんでいる。私に冷静さを取り戻させてくれるかけがえのない存在。

に、そして悪気なく、「それはいいですね」などと誉めてくれます。失敗しようと、自分には関係ないからです。

そこで冷静さを取り戻させてくれる存在が、すぐ隣にいるのといないのとでは、天と地ほどの差があります。大企業のことは私もよくわかりませんが、おそらく、名経営者と言われた人たちの側近には、そういった人がいたはずです。いなければ会社が長く続くはずがないと思うからです。

ここでは、妻の話を出したついでに、自分に反対してくる人への説得方法を一つご紹介しましょう。会社での反対と家庭内での反対はまた違いますが、そこはご自分の話に置き換えて読んでください。

例えば、フェラーリを買おうと思ったときのことです。もうこの時点で、妻に大反対されるのは火を見るより明らかです。家計にとっても大変な事態ですから、もちろん大騒動になります。

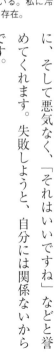

そこで、私は、まずトイレの壁にフェラーリの写真を1枚貼ることから始めました。そうしたら、すぐにバリッと破られました（笑）。しかし、コピーはいくらでもできます。今度は居間に貼ったらそれも破られた。それについて私は何も言いません。家中あちらこちらに貼っていくのですが、貼ったものが片っ端から破られていくので、次は寝室の天井に貼ることにしました。背が届かないので簡単に破られないからです。そうやって、徐々にイメージを植え付けていくわけです（笑）。

皆さんも、会社や家で誰かを説得するときには（もちろん自分の意識を高めるときも）、このやり方を参考にしてみてください。

めざすべきゴールを具体的に見せる。あって当たり前の雰囲気をつくる。そんなに欲しいのかと思わせる――。こうしたことは意外とバカにできないのです。

超一流の自動車メーカーはあえて車を売らないこともある

とはいえ、それがいつも上手くいくとは限りません。しかも内容がフェラーリの購入ですから、当然と言えば当然です。

あるとき、農協の定期預金200万円が満期になったので、密《ひそ》かに下ろして頭金をつくり、フェラーリのディーラーに話をつけ、次の日曜日に訪ねることになりました。

しかし、そこでつい仏心が出て、一応妻も連れて行ったほうがいいかなと思い、「たまの日曜日だから神戸に肉でも食べに行くか？」と誘ってしまったのです。

助手席でウキウキしている妻には行先を教えずに、黙ってディーラーの駐車場に入ると、さすがに彼女も気づいて、怒り始めました。

「ただ注文するだけだよ」

「絶対にダメです！」

応接室でそんなやり取りをしていると、担当の営業マンは契約書の入っていたアタッシュケースをパチンと閉めて、にこやかにこう言いました。

「佐田さま、今、奥さまがおっしゃった通りですよ。車はいつでもお買い求めできますから、今日に限らなくてもいいんじゃないですか」

そして、むくれる妻にさりげなく高級ワインをプレゼントしてくれたのです。

普通ならばこちらの味方をしてくれるところでしょうが、フェラーリの営業マンは、家族が一人でも反対していると売らないのです。

私は、妻に反対されて話が流れてしまったことよりも、そこまでの姿勢をとっているフェラーリのプライドは凄いと改めて感心しました。買おうと思えば2年、3年待つこともある人気車ですから、後でキャンセルされても、他に欲しい人はたくさんいます。しかし、そんなことはメーカーとしてのプライドが許さないのでしょう。

そこまで徹底しているフェラーリというブランドは本当に凄い。仕事だろうが何だろうが、そこまでできたら大したものです。

だから、フェラーリに少しでも近づきたい私は、既に書いたように、「木製スーパーカー真庭」のときには、その方針を真似して成功しました。

「他では手に入らない」という希少価値をいかにつくるかが大事なのだと、そのとき、改めて教えられたのでした。

「本物」を見て初めて気が付くことがある

子供や若い人に「本物」を見せることの大切さを、改めて気づかせてくれたのが、ピアノ工房アムズの社長で、オートバイ仲間の松岡一夫さんです。

彼が素晴らしいところは、東京で上演されている一流のミュージカルを、お子さんに見せているところです。ただ、見せるだけなら、お金に糸目を付けずにやっている家庭もあるでしょうが、私が感心しているのは、彼がやりくりを工夫して、子供たちに本物を見せようとしている姿です。

例えば、岡山から東京の帝国劇場まで行って舞台を見たら、往復の交通費だけで一人数万円かかります。もし宿泊したらその分もかかります。ミュージカルのチケットに「子供料金」はありませんから、家族4人で出かけたら十万円以上になり、年に何度か行けば、数十万円にもなるわけです。

いくら本物を見せたいからといっても、一つのイベントにそこまで負担するのは大変です。

そこで彼の家では、「今回はお父さんとお姉ちゃん」、次の機会は「お母さんと弟」といった組み合わせで、できるだけ多く観劇の機会をつくってあげているのです。

きちんとしたミュージカルの場合は、一流の役者に一流の演出、一流の舞台が揃っているうえに、舞台の前方下にオーケストラピットがあり、生演奏を聴くことができます。

そして、指揮者が芝居の進行に合わせてタクトを振り、演者もそれに呼吸を合わせていく様子は、近くで見ればすごい迫力と臨場感があります。

私はたまたま彼の家族と一緒に舞台を見たことがありますが、そのときに彼の娘さんが舞台を食い入るように見ている姿に胸を打たれました。この姿を見たら親は何とかしてあげたいと思うはずです。

将来どんな仕事をするにしても、そのときの感動は、その子の血と肉になっていくことでしょう。

事実、私も29歳のときに鈴鹿サーキットでオートバイの日本選手権を生で見て衝撃を受け、その後の人生が大きく広がった経験があるからです。

それは、村の青年団で伊勢志摩に旅行に行き、たまたま立ち寄った鈴鹿サーキットでのことでした。

当時の客席はガラガラ。グランドスタンド席に、背広にネクタイ、革靴姿の連中が横に10人も並んで座り、詳しい事情もわからず見物を始めました。

ところが、私は一人のライダーの雄姿に鳥肌が立ったのです。

今でも忘れられません。１２５ccクラスの決勝に小沼加代子という国際Ａ級ライセンスに昇格した日本初の女性プロライダーが出場していたのですが、その彼女が、最終周の最終コーナーで2位から鮮やかに首位のマシンを抜き去って優勝したのでした。

そのシーンをグランドスタンドから目撃したときに、私は稲妻が走るような、身体が痺れるような衝撃を受けました。夜、伊勢志摩のホテルで床に就いても目が冴えて眠れません。天啓と言ったら言い過ぎかもしれませんが、翌日帰宅したら、乗ったことがないくせに、その足で大型バイクを買いに行こうと決めました。

結局、750ccの中古のバイクを買い、自分で乗ってみると、こんなに心地よいものが他にあるのか、という感動がありました。

それで、30歳くらいから休日になると、最長3日間（前の晩から休日を挟んで仕事の日の早朝まで）の一人旅に出かけるようになったのです。

橋本保雄さんと出会ったのは、その4年後のことでした。

「本物」に触れる感動というのは、それほど大きな力があるのです。大人の私でさえそうなのだから、子供ならなおさらでしょう。

皆さんも、できるだけ生で見ることや現場に足を運ぶことを心がけ、また、ご自分の子供さんや会社の若い社員さんにも、そうした経験をできるだけつくってあげてほしいと思います。

現地集合・現地解散の社員旅行をわざわざする理由

社員に本物を見せるということでいえば、佐田建美では、毎年行われる全国建具展示会に合わせて、全員参加の社員旅行を実施しています。新しい作品の参考にするための研修旅行です。

それとは別に社員旅行も計画していますが、ずっと集団行動をしているわけではありません。現地集合・現地解散で、全員が一堂に集まる日を設定したうえで、その前後の日程にどう休みを取り、どんな風に旅をするかは各自の自由です。

ある年は、拡大した日本地図の上でサイコロを振ったら、群馬県前橋市の上で止まったので、一定額の旅費を渡して、「〇月〇日正午に前橋グリーンドーム（当時）に集合」と連絡を回しました。また、ある年には、北海道小樽市にあった石原裕次郎記念館に集合したこともあります。その夜に全員で懇親会をしましたが、その前後の日程は個人の自由にしていたので、社員の中には東京ディズニーランドに寄ってから来た人もいたし、帰り道で何日かどこか別の場所を観光して帰った人もいました。

この方式にしたのは、「社員旅行の当たり前」を疑った結果でもあります。そして、疑って試してみた結果、次のような効用があることがわかりました。

・昔ながらの社員旅行が嫌いな人たちも楽しめる
・宿泊費や交通費など自分たちで工夫して浮かせるおもしろさがある
・主体的に考えて行動する習慣が付く
・会社を休業する日を最小限にできる

こうした方式だと、それぞれの経験も多様になりますので、おもしろいエピソードもたくさん生まれます。

例えば、ある男性社員などは、宿泊費を浮かせるためにオートバイと寝袋で現地に合流するつもりが、全員集合の日に寝過ごして「12時の集合時間に間に合わない！」と中央高速を思い切り飛ばしていたらスピード違反で捕まり、宿代をはるかに超える罰金を払ったという話もありました（笑）。

本人にとっては踏んだり蹴ったりでしょうが、そういった体験の一つひとつも、成長の糧《かて》になっていくわけです。

お世話になっている会計事務所の所長からは、「自由行動の期間中に事故でもあったら大変ですよ」というアドバイスを受けて心配になりましたが、北海道旅行の前週に飛行機事故が発生したことで、「社員全員が一緒に飛行機に乗るのはリスクがある」と気づく契機にもなりました。

ちなみに、北海道旅行では社員一人あたり１週間の休みを取りましたが、各人が予定をずらしていたので、会社の休みは２営業日だけで済みました。これも「社員旅行は全員一律に行動するもの」という発想からの転換です。

創るので、余分な隙間が生まれず、地震により家具が倒れる心配もありません。

化学物質アレルギーのもとになるホルムアルデヒドを含む「接着剤」を一切使わない独自工法を採用。さらには世界で最も環境・品質の基準が厳しいDIN（ドイツ規格協会）E-1に認定されたドイツ製パーティクルボード（低圧メラミン使用）を使用しています。

オーダー家具　ケルン32

お客さまのご要望・ご予算とお部屋のカタチに合わせて設計する。それが、「オーダー家具　ケルン32」です。

引っ越しやお子さまの成長に合わせて移設が可能であること。釘や接着剤を一切使用しない独自工法で組み立てているので、キズを付けることなく解体でき、簡単に移設できることなどが特長です。

工場でキットの形まで製品を制作し、そのパーツごとに梱包した製品を現場に搬入して組み立てるため、狭い入口や通路でも楽に搬入できます。また、部屋の天井高や壁面サイズにピッタリ合わせて

お客さまのご要望でつくった製品の一例。木目の美しい温かみのあるキッチン。周囲には収納スペースも確保。

「まてる Dream（ドリーム）」（平成18年　全国建具展示会出展作品）。電気動力を一切使わず、巧妙に創られた木製のギアや木製のチェーンで動力を伝達し、可動させる現代のからくり作品です。木製のペダルを踏むことにより各部が作動し、お囃子を鳴らしながら人形が阿波踊りを踊ります。これは病院の待ち時間が長いことにイライラしているときに思い付きました。イライラした待ち時間が夢に変わるので、「まてる Dream」というわけです。

第7章

木で創れないものはない

——建具の未来と新たな挑戦

どんな分野の仕事でも「技能者」ではなく「技術者」であれ

企業のコマーシャルを見ていると、「技術の日産」といったフレーズをよく目にすると思います。「技能の日産」とは言いません。

私なりの解釈ですが、技能とは、昔からあったものを忠実に受け継ぐことであり、それを次世代にきちんと伝えていくことが技能の伝達、継承です。

それに対して、技術とは、受け継いだ技能に新しいものを吹き込み、さらに新しいものを生み出していくものです。

私は、このことをきちんと理解しておくことはとても重要だと考えています。

というのも、現在、「技能者」と呼べる人はたくさんいるのです。しかし、「技術者」と呼べる人が業界にどれくらいいるのだろうか？　と考えると、危ういものを感じます。

この大量生産・大量消費の社会の中で、また、人々の価値観や生活様式がどんどん変化している中で、これまでのように伝統的なものをそのまま作っているだけでは、やがて求められなくなり、期待されなくなっていきます。

これからの職人は、変わっていかなければいけません。手先が器用だといっても、それだけで終わってはいけない。昔からこういうものが使われているから作った——というだけではダメなのです。

身に付けた技能を土台にして新しいものを創り出す「技術者」になっていくことを考えていかなければいけない。私はそういう危機感を持っています。

私自身は若い頃、修業の過程で技能を徹底して習いましたが、と同時に「技術者でありたい」と考えて精進してきました。

「木で創れないものはない」「誰もまだ見たことのないものを創る」と決めてきたのも、そのためです。

このことは建具業界の話に限りません。

皆さんにも、ご自分がいる業界や会社、あるいは自分の担当する仕事において、「技能者」ではなく「技術者」をめざしていただきたいと思います。

言われたことをそのままやる、過去の慣習に従う、不文律を尊重する——のではなく、「その当たり前」は本当にそうなのか？

別のもっと良いやり方はないか？

昔のことを徹底して調べ、一度全否定した上で、今の技術を使って新しいものを創れないか？　と考えてみてください。

実体験から導き出した大ヒットを生む「5つの原則」

既に書いたように、「木製スーパーカー真庭」は、日本だけではなく、世界中のメディアで紹介されました。これまでに新聞、テレビ、雑誌といったさまざまな媒体から合計200件以上の取材を受け、購入希望の方からは60件近いお問い合わせをいただいています。

当初は、いったい何が起きたのだろう？　と驚くばかりだったのですが、取材の申し込みがいったん落ち着いてから、「なぜ『木製スーパーカー真庭』が大ヒットしたのか？」と振り返ってみると、私なりの理論にたどり着きました。

それが、「ヒットの5原則」です。

以来、新製品を企画する際には、次の5原則に当てはまっているかどうか確認しています。

原則①　意外性

そもそも、このクルマのニュースを聞いたときに、社会経験のある大人であれば、アタマの中がたくさんの「？」《ハテナ》で埋め尽くされるでしょう。

「えっ？　木でクルマが創れるの？」という素朴な疑問から始まって、「自動車メーカーでもない地方の木工所が、なぜ高速道路も走れるクルマを創れるの？」「構造は？」「技術面は？」「どうやって許可を取った？」「開発費は？」「反対意見はなかったの？」「価格と採算はどうなっている？」「こんなバカバカしいことを大真面目にやるのはどんな人だ？」……といった具合です。

たしかに、普通に考えればその通りです。

まずは、材料が意外です。鉄の塊であり、内燃機関を搭載している製品を、わざわざ木を使って創ろうというのですから、そこには、「え？」と聞き直してしまう驚きがあります。高級な乗用車でよくあるように、ボディや内装に「木製パネル」をはめ込んだものではなく、車体そのものがほぼ全て木でできているのです。特にクルマ好きの方なら、「どんなものか？」と一目見たくなるのも当然だと思います。

製作者も意外です。大手の自動車メーカーではなく、地方の木工所が自動車を創ったというのですから、「そんなことができるのか?」という「?《ハテナ》」があります。

同じように、フィルムメーカーの富士フイルムが化粧品や医薬品を作っていると聞いたときには、私も驚きました。と同時に、富士フイルムが本気を出して作っているものなら、高い品質のものなのだろうな、とも思ったものです。私たち佐田建美がめざしているのも、こういったブランド力です。

最後は、「本当に走るのか! よく運輸局の許可が取れたな」という意外性です。このときのチャレンジは既に書いたとおりです。

原則② 独創性

世界で初めて、木で公道を走れるクルマであること自体が大きな独創性ですが、このクルマは、デザイン面でも独創性があると思っています。

第1章でもご説明したとおり、「鳥」をモチーフにデザインしていて、ガルウィング・ドアと呼ばれるドアを開けると、フェニックスが羽ばたいているように見えます。

ただの乗用車では、ここまで話題にはなっていないはずです。

原則③　実用性

このクルマの最大の特長は、「置き物」ではないこと。買い物にも行けるし、ドライブもできるし、高速道路も走ることもできるという実用性です。

これも既に書きましたが、私がこのクルマを創ると言ったとき、うちの社員たちは本当に走るクルマを創るとは思っていませんでした。しかし、走れないのでは、本当の意味で「クルマ」とは呼べません。

芸術作品ならば別ですが、製品・商品には、何にしても実用性が必要だと思います。「使えるもの」だから多くの人が注目する、もしくは、欲しくなると思うのです。

原則④　話題性

これは、木製スーパーカーが話題になっていく過程で偶然に気づいたことですが、いくら良いものを作っても、「話題性」を意識して仕掛けをしなければ、大ヒットにはならない。話題にしてもらいたければ、話題になるように戦略的にＰＲしていかなければいけないのです。

既に記しましたが、「木製スーパーカー真庭」も、地元岡山の山陽新聞トップ一面の記事を見つけ出した東京のＮＨＫが、全国放送の『つながるテレビ@《アット》ヒューマン』の「超ハヤミミ情報局」というコーナーで紹介してくれたことで、一気に話題が広まった経緯があります。その後も、『ワールドビジネスサテライト』（テレビ東京）や、『ザ・ベストハウス１２３』（フジテレビ系列）などから声をかけていただきました。

これによって、この手の発信は、足元からコツコツと積み上げるのではなく、最初からできるだけ上に向けてアプローチする必要があることがわかりました。

もう一つ付け加えておけば、「木製スーパーカー真庭」がテレビ番組で取り上げられる機会が多かったのは「走る」からです。画面に「動き」が出ると視聴者の視線が集まるので、テレビ局のスタッフの関心度が変わってくるのです。

これに気づいてからは、他の製品を企画するときも、テレビで紹介されたときに画面がおもしろくなるように、「動くもの」を意識しています。

原則⑤　時代性

最後に、今から40年、50年前に「木でクルマを創った」といっても、今ほどの反応はなかったでしょう。なぜなら、当時は、今よりも木の製品が珍しくなかったからです。

しかし、今は、使い捨てのような人工的な商品が社会にあふれている時代ですから、「木の温《ぬく》もりや香り」、あるいは、「本物感」といったものが強く求められています。皆さんに支持していただけたのも、それが大きな要因だと思います。

よく「あの商品は時代より早すぎた」とか「遅すぎた」と言ったりしますが、やはり企画ものというのは、その時代に合っているかどうかが一番のポイントになるのです。

さて、いろいろ並べてきましたが、読者の皆さんも、商品であれ、企画であれ、自社や個人のプロデュースであれ、この5つの原則でチェックしてみるとよいと思います。

特に、他人に迷惑をかけたり、法に触れない限りは、「意外性」を追究することをおススメします。そこに大きなチャンスが隠れていることがあるからです。

現代社会の問題点を建具の技法で解決する

私は、一般社団法人全国建具組合連合会の理事長職を2期4年間務めさせていただきました。また、公益社団法人日本建築士会連合会の三井所《みいしょ》清典《きよのり》・元会長には、毎年、全国建具展示会の審査委員長を長きにわたり務めていただき、建具業界への助言を数多く頂戴いたしました。

こうしたことを踏まえて、業界の未来を見据えた私なりの考えを書かせていただきます。

最近、引きこもりという言葉をよく耳にします。39歳までに52万人、40歳から60歳までの人で65万人の合計１１７万人が外の世界との関係を断って暮らしているといわれます。どうしてこんな事態になってしまったのかを自分なりに考えてみると、私は二つの理由があるような気がしています。

一つ目は、日本が豊かになったことでしょう。

私の少年時代は、我が家が貧しかったこともあり、引きこもりなどをする余裕がありませんでした。働かなければ暮らせなかったからです。

話は少しずれてしまいますが、それはインドに旅をしたときにも同様のことを感じました。まだインドが貧しかった頃の話ですが、少年たちは生きていくために必死で、豊かな国の子供のように親や社会に甘えて、すねたり、斜に構えて反抗するような姿は見かけませんでした。

二つ目は、日本の住宅が和式の間取りから、洋式の造りや間取りになったことです。現在の洋式の住宅は、部屋と部屋の間が壁で仕切られ、ドアは開けるか閉めるかの二択しかありません。子供の数が減った事もあって、一人ひとりが個室を持つ時代となり、何か気に入らないことがあるとドアの鍵をかけて閉じこもってしまえば、自分の世界に逃げ込むことができるようになりました。

それに対して、和式の住宅は、伝統的に田の字型であり、襖や障子などの建具で仕切られています。間仕切りをするのに、屏風《びょうぶ》や衝立《ついたて》も使いました。そのときの用途や気分、天気などによって、自由に間取りを変えることができました。

だから、開けられてしまうと隠れる場所はなく、引きこもりなど発生しようがなかったのです。

そうした意味からも、現在の住宅で改めて求められているのは、私は「和の文化」の発想であり、日本伝統の建具の技法だと思っています。

家を壁やドアではなく、建具で仕切る造りは、日本の家族関係や四季折々の美しい景色や、日本特有の温暖かつ蒸し暑い気候に対応した素晴らしい文化です。そうした造りは、家族の関係を密にしてきたと思います。

また、戸を「重ね合わせる」ことができるのも、日本特有の引き戸の魅力です。どの種類の戸を重ね合わせるかで、間口も自由に調整できますし、内と外（屋内と自然）の遮断と融合をさまざまな形で演出できます。

例えば、網戸なら風と光が部屋に入ります。ガラス戸なら明るい光を、そして障子なら柔らかい光を取り込むことができます。雨戸なら雨も光も風も遮断できますし、使わないときは収納しておけます。このあたりが、西洋のドアとは全く異なるところです。

もっと言えば、寒いせいもあってヨーロッパの家が目的に合わせた小さな部屋をたくさん作っていくのに対して、日本の伝統的な家は、一つの部屋を多目的に使いました。夜は寝室に使い、昼は布団を片付けてリビングとして使う。食事のときはちゃぶ台を出して食堂にし、お客さまが来ると座卓《ざたく》を出して応接間として使う。「動かせる道具」を出し入れすることで、目的に合わせて部屋の性質を変えていたのです。

これは効率の面からも、コミュニケーションの面からも、素晴らしい利点だと思います。

もちろん、私は以前のような和式住宅に戻そうと言っているわけではありません。そうではなくて、過去の良いものに学び、一度全否定し、その上で新しい技術によって今の時代に合ったものを創るということです。

そのためにも、やっぱり和の良いところ、洋の良いところ、そして、和式の良さ、洋式の良さというものを見直して、きちんと理解する必要があるのではないでしょうか。

現在のように家族間のプライバシーが重要になり、襖や障子ではそれが守れないと言うならば、壁を収納棚と一体化して動かしてしまうという発想もあります。壁を台所ごと動かしてしまうという発想もあります。また、キッチンとリビングテーブルと学習机を一緒にしてしまうという発想もあります（１６９ページ参照）。

これらは佐田建美で実際に製品化してきたアイデアですが、まだまだ新しい発想はできるはずだと思っています。

日本の建具技術を世界に発信することへの使命感

私が理事長に就任した年に大会記念講演の講師をお願いしたご縁で、ＴＥＲＡ歴史景観研究室の最勝寺《さいしょうじ》靖彦《やすひこ》先生には、現在も多くのご指導をいただいています。

先生には、日本建築と欧州建築との違いや、これから私たち建具業界がどのように進んでいくべきかについてもご教示いただいているほか、「清優会・シンプリティ&エレガンス（清楚にして優雅）」という自主勉強会のアドバイザーにも就任していただいています。

そうした勉強の成果も踏まえて、私は、木や建具、職人の技術の素晴らしさや美しさを世界へ向けて発信していきたいと思っています。

TERA 歴史景観研究室の最勝寺靖彦先生（右）と。

飛鳥時代から引き継がれ磨き抜かれてきた建具の伝統技法は、外国に多く見られるように、単に木に塗装を施すのではなく、木の持つ独自の色を出すのが特徴です。木にはそれぞれ色があります。そして、時が経つにつれ、その色合いは変化していきますが、日本人はその歴史に美しさを感じているのです。

一方、欧米では高級品や貴重な建物というと、「デラックス&ゴージャス（豪華絢爛《けんらん》）」

がコンセプトになりがちで、きらびやかで派手な装飾が施されているものが多くあります。

それはそれで素晴らしいと思いますが、日本は視点が違います。

例えば、佐田建美が真庭組子を納入させていただいた The Okura TOKYO は、開業時、日本文化を世界の方々に理解していただくため、「シンプリティ＆エレガンス（清楚にして優雅）」をコンセプトにしていたそうです。

私も日本文化の素晴らしさはそこにあると思いますし、微力ながら、木の素晴らしさと日本文化の美を世界に対して発信していきたいと思っています。

そしてついに、その第一歩となるような機会に恵まれました。

２０２１年１月19日、一般社団法人日本木材輸出振興協会主催の「台湾向け木構造及び木材製品利用促進セミナー」に、講師として招かれたのです。このセミナーは、林野庁後援事業の一環として行われたもので、木材の輸出振興、建具製品の輸出促進を目的に開催されました。

新型コロナウイルスの関係でオンラインでの開催となりましたが、日本の木造建築の文化や伝統的な価値観、建具の歴史、機能の紹介のほか、建具の未来や佐田建美のめざすものなどについて、台湾の皆さんにお話しすることができました。

日本の建具の素晴らしさ、職人技術の高さを海外へ向けて発信していくと同時に、佐田建美としても、伝統の枠内に留まることなく、進化（深化）させた製品を創り続けて、これからも国内外の皆さんを驚かせていきたいという思いを新たにしました。

木の産地・真庭市を「町おこし」で世界のMANIWAへ

岡山県真庭市は、中国地方でも有数の、良質な木材の産地です。しかし、残念ながら全国的な知名度はまだまだ低いと言っていいでしょう。というのも、真庭市は2005年、いわゆる「平成の大合併」によって、上房郡の北房町と真庭郡にある勝山町・落合町・湯原町・久世《くせ》町・美甘村《みかもそん》・川上村・八束村《やつかそん》・中和村が合併してできた自治体だからです。

それまでは、マスコミで報道されるときには「岡山県〇〇町」と表記され、「真庭郡」の名称は省略されてきました（これは全国どこでも同じ事情のようです）。

そういう事情で、もともと知名度が低いわけですから、合併後にいきなり「真庭市」と言われても、全くなじみがないのです。

事実、「木製スーパーカー真庭」について、東京のテレビ局から問い合わせをいただいた際に、「御社の『しんてい』について取材をさせてほしい」と言われて、何のことか戸惑《とまど》ったことがあります。日常的に全国の情報を扱っている記者の方でさえ、「真庭」を「まにわ」と読めなかったわけですから、これはショックでした。

以来、私は「真庭市」をもっと知ってもらうために、佐田建美が展示会用に製作する製品には必ず「真庭」という名前を付けています。土地の名前が売れることで、地元の工業も農業も、産業も全てが活性化するのではないかと思うからです。

もっとも、私が製品名に地元の名前を入れている理由は、実はもう一つあります。私が企業ブランドの鑑《かがみ》として憧れているフェラーリも、「モデナ」や「ローマ」のように、クルマに土地の名前を付けているからです。

モデナというのは、創業者のエンツォ・フェラーリが生まれた土地ですが、生まれた場所に高い誇りと強い執着を持っているのでしょう。

その気持ちは、私も同じです。だから、誰かに頼まれたり、強制されるまでもなく、この「真庭」という素晴らしい場所を、世界中の皆さんに知っていただきたいと思ったのです。

そういえば、以前、大阪のテレビ番組で「木製スーパーカー真庭」をご紹介させていただいたときに、スタジオでご一緒した西川へレンさんや友近さんなど芸能人の方々が、このクルマのことを「真庭は……」「真庭は……」と普通に呼んでくれたことがあります。友近さんなどは、「マニワ！　マニワ！」と何度もギャグのように連呼してくれたのですが、その後、しばらくしてから再びお会いしたときに、「社長、今、『真庭』はどうなっていますか」と普通に話しかけてくださったので感激しました。ありがたいことだと思います。

岡山県出身の知られざる発明家、その背中を追って

私は、真庭市だけではなく、実は岡山県の町おこしにもかかわっています。

皆さんは、「岡山県」と聞いて、何を思い出すでしょうか。

地理に詳しい人なら、桃太郎、後楽園、岡山城、マスカット、瀬戸大橋、倉敷市、水島コンビナート……くらいは思い浮かぶでしょうか。

ただ、東北や関東の人で、ここまで知っている人は少ないかもしれません。「倉敷市」

岡山県津山市にある「城東町並み保存地区」の町屋の保存活動にも参加。革新的なモノづくりと伝統技術によるモノづくりの両輪を大切にしている。

は有名なのですが、たいてい「倉敷って岡山県なの？」という反応が返ってきます。「後楽園」も三大名園の一つであり、岡山県人は胸を張っているのに、野球場と間違えている人がたくさんいるのです（笑）。

そうやって考えてみると、岡山県のアピールポイントは全然ないではないか――と危機感を覚えた地元の人たちは、岡山県にゆかりのある人物に注目することにしました。

そのうちの一人が、あのライト兄弟よりも100年以上も早く空を飛び、「鳥人幸吉」と呼ばれた江戸時代の表具師・浮田《うきた》幸吉《こうきち》（1757～1847年）です。

表具というのは、掛軸や屏風、襖など紙を使ったもののことですが、彼は、表具の技術を用いて翼を創り、橋の欄干《らんかん》から飛んだと言われています。

本来ならば人類史に残る大ニュースのはずですが、当時の日本は鎖国をしていましたし、そもそも岡山藩主の池田治政《いけだはるまさ》によって国払い（追放）されています。世を騒がす罪人に近い扱いを受けたわけです。

そして、もう一人が、１９０４年に日本初の自動車（山羽式蒸気自動車、山羽《やまば》式蒸気バス）を創った山羽虎夫（１８７４～１９５７年）です。当時は道路の状態が悪かったためタイヤがもたず、試作車の段階で終わったようなのですが、間違いなく日本で初めて創られた自動車です。

山羽虎夫がリヤカーのようなクルマを日本で創っている一方で、イギリスではその２年後にロールスロイスという貴族が乗るクルマを量産していました。当時の日本がどれだけ遅れていたかがよくわかります。自動車の技術の差は、半世紀はあったと思います。

とはいえ、日本初の自動車を創った山羽虎夫が凄いことには変わりありません。初めてというのは、二番目の人にはわからない困難と苦労があるのです。

私も、岡山の先人たちの背中を追いかけて、伝統的な技能を継承しつつも、それを応用して、世の中の人がまだ見たことのないものを創り続けていきたいと思っています。

木製トレーラーハウス　真庭

「新しいキャンピングスタイルの提案」をテーマに創った製品です。

　外装に地元真庭産のスギ、内装にモミノキ、扉には日本の伝統技術「美術組子」を使用しました。「木製スーパーカー真庭」で培った、高い剛性の技術力が駆使されています。

車に連結して移動させることができる木製のトレーラーハウス。

コラム 人にやさしい「モミノキ」の話

佐田建美では、内装材として、モミノキをお客さまにお勧めしています。

モミノキは、大きいもので高さ60m以上、太さ1・5m程度まで生長するマツ科モミ属の常緑針葉樹です。

モミノキといえば、多くの方がクリスマスツリーを連想されると思います。日本では古くからおひつや弁当箱などの生活用品から神社のお札や絵馬のような神聖なものまで、幅広い用途で大切に扱われてきました。

この木が住宅内装材に最適な理由は、主に5つあります。

①温度を調整してくれる

蓄熱性のあるモミノキは、温度を維持する能力が高いため、空気の入れ替え後も元の温度にすぐ復帰し、省エネにつながります。

②湿度を調整してくれる

モミノキは多量の水分を給排水します。そのため、室内湿度もほぼ安定して約60%を維

新建材（ベニヤ）　モミノキ　ナラ材（広葉樹）

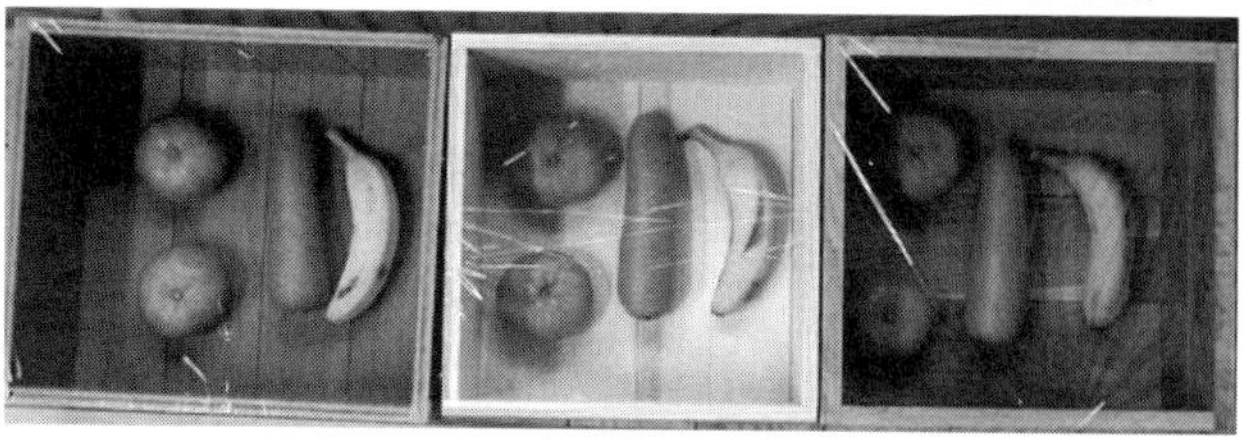

2001年１月30日開始

３月４日　果物から出た水分で結露が多く発生

３月14日　さらに水分が多くなり果物にカビが目立つようになる

３種類の異なる材質の箱に「みかん２個、にんじん１本、バナナ１本」を入れ、ラップで密封し、ガムテープを張り高気密状態にする「結露実験」を行ってみました。モミノキの箱以外のものは結露が多く、見えづらくなりました。結果、モミノキの箱に入れた果物の傷みが最も少なくなりました。モミノキは、湿度を維持する特性があるので結露が少なくカビも発生しにくいのです。

持します。

③極めて微香で高い消臭効果がある

台所・下駄箱・トイレにモミノキを使用すると、より高い消臭効果が実感できます。

④室内の空気が綺麗になる

モミノキから放散されるフィトンチッドという成分で空気が浄化され、化学物質のホルムアルデヒドも化学分解されます。

⑤ダニやゴキブリをシャットアウトする

モミノキの部屋は室内湿度が適当で、放散されるフィトンチッドの忌避《きひ》効果により、ダニやゴキブリ、菌類が死滅しやすくなります。

当社のショールームには、実際にモミノキの内装材を使用した部屋があります。湿度が低いために、夏は涼しく、とても過ごしやすいことが体感できます。

一方、冬でも素足で快適に過ごせます。内装の表面に「浮作り加工」を施してあるため、足裏に直接冷たさが伝わらないのです。

また、表面の塗装には植物性塗料を使用しており、芳香性のテルペンや、その仲間で細胞の活性化をうながしてくれるαピネンなど天然のフィトンチッドが自然なかたちで発散されます。

福山市の友人の田中芳弘さんのご協力で、本場フィンランドから直輸入したサウナストーブを入れてサウナ小屋も創りました。フィンランドでは休日に家族・仲間で半日以上ゆっくりサウナに入り、汗が出れば湖に飛び込み、またサウナに戻るということを繰り返しながら時間を過ごします。日本の業務用サウナは90度以上の室温になり、体に負担が大きいのですが、フィンランドのサウナは70度くらいでキープされています。内装はモミノキで仕上げ、環境は最高です。

友人たちにとても好評なフィンランドサウナ。

友人に、ステージⅣのがんで余命宣告を受けた方がいますが、一緒に入るようになってからみるみる元気になり、体の芯まで温まるモミノキのフィンランドサウナのおかげ、とまで言ってもらえました。何か体調にも良い影響があるのではと思います。

こうした、モミノキの素晴らしさを皆さんにもぜひ知っていただきたいと思います。

あとがき

めざすは「建具業界のフェラーリ」

私が生涯の目標にしているのは、フェラーリです。

もちろん、木製スーパーカーを創ったからといって、自動車メーカーをめざしているというわけではありません。私は、建具・家具業界においてフェラーリのような最強のブランドを創っていきたいのです。

フェラーリのすごいところは、まずその知名度です。小さな子供からお年寄りに至るまで、フェラーリと聞いて、着る物や食べ物を想像する人はいないでしょう。街中でいつも見かけるわけでもないし、どこに売っているのかもわからないけれど、とにかく、みんな高級なスポーツカーであり、スーパーカーであることは知っている。

次に、フェラーリの代名詞である「跳ね馬」のマークは、自動車の枠を超えたブランドになっていることです。

例えば、シャネルやルイ・ヴィトンというのは、ブランド力を高めて、基本的には自社製品の価値を高めました。

一方、フェラーリの場合は、そのブランド名がゴルフバッグやカメラや自転車などさまざまな商品に使われていて、物によっては跳ね馬のマークを入れるだけで価格が何倍にもなる。それでも売れるのは、「高級」「かっこいい」というフェラーリのブランドがいかに社会に浸透しているかという証拠でしょう。

しかも、フェラーリ本社の広告費は創業以来ゼロ円だと言われています。なぜなら、「欲しい人に売る」という同社のスタンスに加え、広告費用は全て全世界のディーラーが負担しているからです。そして、1台2億円とか10億円する記念車が、発売と同時に完売してしまう。

広告の代わりになっているのが自動車レース（F1グランプリ）ですが、年間500億円以上かかる費用も、スポンサーやパートナーなどからの収入で運営されています。

こうした事情から、フェラーリのクルマ1台あたりの純利益は、トヨタと比べても数十倍も（！）多いのです。結局それは、何をもたらすかといえば、「それでも買いたい」と思われる強いブランド力です。

私の会社も、そうした存在をめざしています。

誤解を招くといけないので補足しておきますが、佐田建美は超高級品しか創らないということではありません。一方で、用途に合わせた廉価《れんか》版の製品もご提供させていただきながら、質の高い、オンリーワンの製品を創り続けることで、「ぜひ佐田建美の製品がほしい」と思っていただけるブランドを育てていきたいということなのです。

「適材適所」をめざして

最後にもう一つ、私が半世紀にわたって使い、加工し続けてきた「木」への思いについて書いておこうと思います。木材関係の方には叱られるかもしれませんが、誤解を恐れずに自分の考えをお伝えすることにします。

人はよく「木の家がいい」「木の家に住みたい」と言いますが、必ずしも木の家がいいとは限らないのです。

というのも、現在、日本の山にはスギとヒノキしかないといってもいい状況で、主にこの二つが建築材として使われています。そうなってしまったのは、戦後、国が植林計画を進める際に、早く成長する針葉樹（スギ、ヒノキなど）を選んだからです。

しかし、スギやヒノキは、香りというか木の成分が強いので、そればかりを建築に使うと、体の弱い方や幼児、お年寄りにとっては、むしろ体調を悪化させることもあります。

私が言いたいのは、スギやヒノキが悪いということではなく、できるだけ「適材適所」で素材を選ぶべきではないか、ということです。

例えば、地中に打ち込んである杭には、ヤニを含んだマツが最適です。これを打ち込むと、海水であろうが水であろうが永久に腐らないといってもよいほどです。

また、土台には、クリの木が最適です。シロアリを寄せ付けないからです。

柱には、粘りがあって香りが良いヒノキがいいですし、襖の上の欄間の彫刻にはクスノキがいいとされています。クスノキは樟脳《しょうのう》の材料にもなるので、何百年も虫が入らないからです。低い場所に使うと、人にも影響があるかもしれませんが、高い場所なら大丈夫です。

そして、内装には、匂いがなくて柔らかく、湿気をたくさん吸ってくれるモミノキがいいのです。

このように、木にはそれぞれの特徴がありますから、価格の多寡《たか》ではなく、本当の意味での「適材適所」で木を選ぶことができれば、それが一番良いことです。

現実的には難しい面があるのはもちろん承知しています。しかし、「おひつの家　真庭」などはまさにそうですが、私たちは、できるだけ適材適所で木を使うことの合理性や素晴らしさを伝えていきたいと思っています。

人間を「木」にたとえるのも失礼な話かもしれませんが、それは会社でも、社会でも、家庭でも同じことではないでしょうか。

株式会社佐田建美　代表取締役

佐田時信

その日の風向きに合わせて自在に回転させることが可能。災害時に仮設住宅として提供したこともある。

おひつの家　真庭　　平成25年　全国建具展示会出展作品

「おひつの家 真庭」は、2013年に開催された第47回全国建具展示会に出展した作品です。写真をご覧になればおわかりのとおり、これは、炊いたお米を入れておく「江戸びつ」を巨大にして再現した家です。今、なぜおひつなのか？

昔から日本の食卓に欠かせない道具であったおひつは、釜で炊いたごはんを入れておくと、木が余分な水分を吸ってくれるので、冷めてももちもちとした食感のごはんになります。これが一番おいしいごはんの状態なのです。

このおひつが人間の家になったら……、そして、おひつの空間で生活ができたら、どんなに気持ちがいいだろう……。おひつの中に住んでみたい！　そんな思い付きから生まれたのが「おひつの家 真庭」です。

そのため、内壁には水分を吸収しやすい柾目《まさめ》の板（モミノキ）を、外壁には水分を吸収しにくい板目の板（スギ）を使用しています。また、本物と同様に天蓋が電動で開閉するほか、風向きに合わせて本体が回転するなどの仕掛けもあります。

室内には最大15人まで入ることができ、流し台も付いていますので、事務所や待合室、店舗などさまざまな用途に使うことができます。

〈特徴〉
- 水に浮く（基礎を固定していない）
- 確認申請なし、税金がかからない（9.99㎡）
- 太陽光発電能力が最大（方角が自由に変えられる）
- 屋根が開閉する・本体が回転する・環境住宅
- 円形で強度に優れる（耐震建物）・シンプルライフ
- 室内→湿度を外に逃がす
- 室外→雨を遮断する

カセット別荘　真庭

「遊び×防災」をコンセプトに創りました。

　一番の特徴は、軽自動車に積み込みが可能で、組み立ても簡単なこと。遊びにも防災にも活用できる製品です。

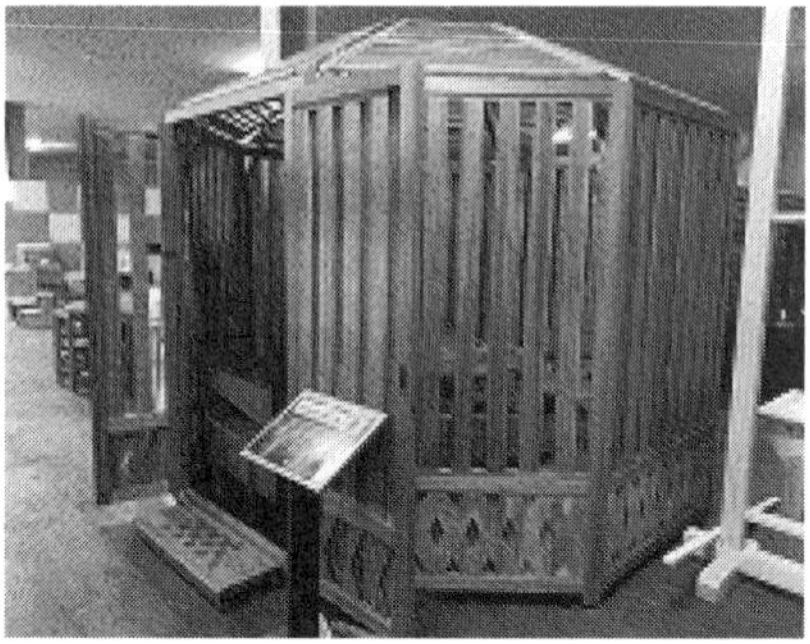

キャンピングカーより手頃でテントよりも堅牢な「自由な別荘」。

佐田健美　ショールーム

佐田健美では、本社工場内に1300㎡の大展示場を設置し、「木製スーパーカー真庭」や「エコベーター真庭」など唯一無二の製品のほか、The Okura TOKYOのロビーに納入した麻の葉組子（一部、実物大）も展示中です。

常設展示として、伝統技法「組子細工」で創られた衝立《ついたて》など、数々の組子作品も展示しており、家具工場直接販売ならではの無垢材家具やドイツ家具、インテリア雑貨・小物の販売、また、お客さまの注文に応じて創る別注家具・別注建具や、オーダーシステム家具の製作も受け付けています。事前にご連絡をいただければ、家具工場も見学でき、さらに、お土産付きの真庭組子の体験教室も開催しています。

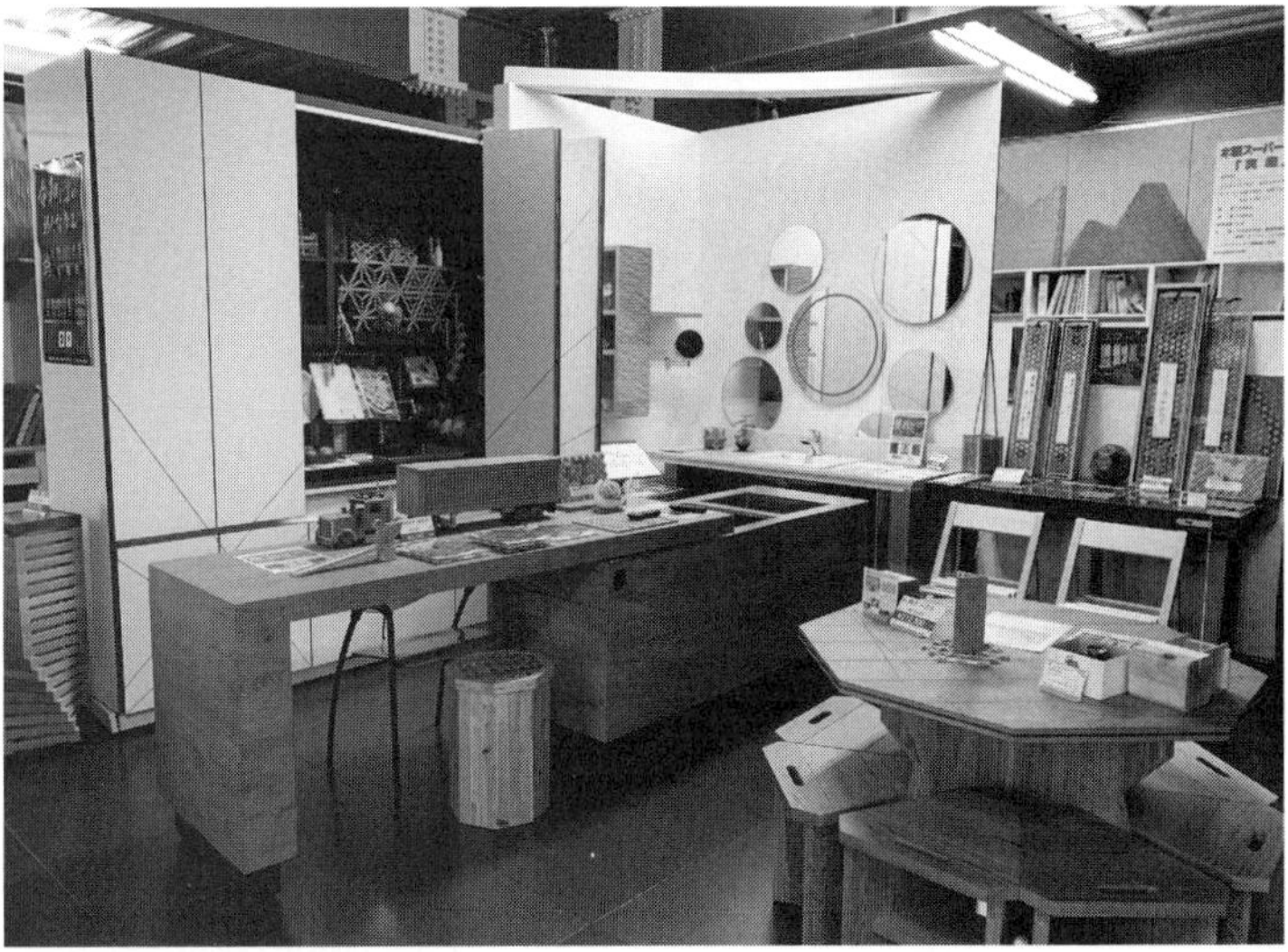

団体のお客さまが観光バスで訪れることも。木材の名産地・真庭市への観光の記念にもなる木工製品も各種用意している。

華組子

職人が一から組み上げる伝統的な製法で作られた組子は、その手間と時間をかけた美しさから、とても高価なものです。

しかし、「組子の美しさをもっと気軽に、少しの贅沢として部屋や店舗に取り入れたい」という声もあります。そこで、文様を大きくすることで機械での製作を可能にし、手作業の組子細工に比べて価格を10分の１程度に抑えることに成功しました。

伝統的な模様をデザインすることはもちろん、幾何学的な模様も可能なため、和式のみならず洋式のお部屋にも合わせることができます。

本物の組子細工とは、作り方も構造もまったく違いますが、それをご理解いただいたうえで、インテリアとして楽しんでいただくにはちょうどよい製品です。

組子細工を気軽にインテリアとして楽しんでいただきたいとの思いから始めた、ドイツの機械で作成した組子細工。機械でくり抜いているのでつなぎ目はない。

本書は2020年12月末時点の情報を基に作成しています。肩書、法令等、
予告なく情報が変更になる場合があります。

装幀　佐々木博則
写真提供　筆者
編集協力　津田秀晴
本文デザイン　宮地茉莉

《著者略歴》
佐田時信（さだ・ときのぶ）
1951年岡山県真庭市生まれ。中学校卒業後、地元の木工所へ入社。働きながら職業訓練大学校建具科を修了。1975年に佐田建美を創業し、1984年に株式会社設立、代表取締役社長に就任。現在に至る。
「木で創れないものはない」という信念で創り上げげた唯一無二の製品は注目を集め、国内外のメディアからの取材が後を絶たない。中でも高速道路も走れる「木製スーパーカー真庭」は、その意外性が評判を呼び、200件以上もの取材が殺到。2019年に新装再開業したThe Okura TOKYOのメインロビーの組子細工を手掛けた日本を代表する建具師として、その実力が知られている。
一般社団法人全国建具組合連合会第10代理事長、岡山県建具・家具技能士試験検定委員長、岡山県建具組合連合会会長、森の名手・名人認定（2009年）、建具マイスター認定（2015年）、技・グッドスキル認定（2019年）。

？《ハテナ》で考えれば人生は100倍おもしろい
手づくり「木製スーパーカー」で高速道路は走れるか

2021年 2 月28日　第 1 版第 1 刷発行

著　者　佐田時信
発　行　株式会社ＰＨＰエディターズ・グループ
〒135-0061　東京都江東区豊洲5-6-52
☎03-6204-2931
http://www.peg.co.jp/

印　刷
製　本　シナノ印刷株式会社

ISBN978-4-909417-68-8